JN411623

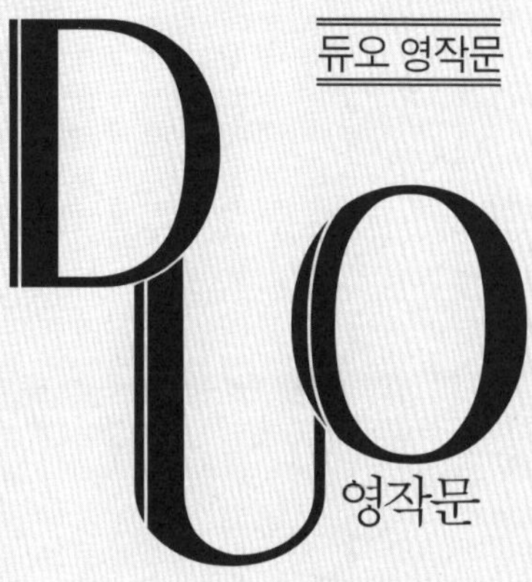

신규철 지음

한국문화사

머리말

글로벌 시대를 살아가는 우리에게 세계어로서의 영어는 우리 생활에서 중요한 일부가 되고 있다. 그리고 의사소통을 위한 영어의 필요성은 더욱더 절실해지고 있다.

이러한 맥락에서, 이 책은 의사소통적인 기능 중에 대표적인 기능인 영어 쓰기의 올바른 방향과 효과적인 방법을 제시하고자 만들어졌다.

특히, 영어교육 현장에서 학습자들을 지도하는 지침서로 활용하기 쉽게 13개의 장으로 구성하여 다양한 과제를 통한 반복적인 영어 작문 훈련을 할 수 있게 하였다.

이 책은 일상생활에서 벌어지는 주제를 중심으로, 스토리텔링 기법의 형식으로 연속적인 문장을 분석하고 연습할 수 있도록 주제별로 접근하여, 학습자가 흥미와 관심을 가지고 학습할 수 있게 하였다. 그리고 각 장마다 주요 영문법을 소개하여 이를 다양한 과제와 함께 영어 쓰기에 응용할 수 있게 하였다.

이 책의 주요 특징으로는 주제별로 접근하는 영작문과 영문법 학습, 쓰기의 유창성과 정확성을 동시에 이루는 훈련, 영문법을 활용하는 다양한 과제 제공, 과학적 연상법을 통한 반복훈련, 주제와 관련된 에세이 과제 제공 등을 들 수 있다.

또한, 이 책은 영어 쓰기의 기초에서 단단한 토대를 만들어 주고, 흥미 있는 영작문에 대한 태도를 가질 수 있게 했다. 영어 쓰기에 대해 어려움을 갖고 있었던 학습자나 자신감을 갖지 못했던 학습자들에게 좋은 지침서가 되기를 기대해 본다. 끝으로, 이 책이 나오기까지 많은 노력을 보여주신 한국문화사 편집진에 감사의 말씀을 전한다.

2016. 6.
지은이 씀

Contents

01 유명한 사람들

Focal Expressions 10

Grammar Point 13

기본시제

1. 현재시제 13
2. 과거시제 14
3. 현재완료시제 15
4. 현재진행 17
5. 과거진행 17

TASK 18

속담 26

02 일상생활 속의 문제점들

Focal Expressions 32

Grammar Point 37

서법조동사

1. can·could 37
2. may·might 38
3. must·need·ought 40
4. will·shall 42
5. shall·should의 특별용법 42
6. used to 43

TASK 44

속담 54

03 내가 살고 싶은 도시

Focal Expressions 60

Grammar Point 62

접속사와 부사절

1. 부사절을 이끄는 접속사 62
2. 시간절 64

TASK 66

영작문 과제 77

속담 78

04 무서운 사건과 일들

Focal Expressions 84

Grammar Point 86

동명사와 부정사

동명사

1. 동명사의 명사적 성질 86
2. 동명사의 동사적 성질 87
3. 동명사를 수반하는 동사 89
4. 부정사나 동명사를 목적어로 취하는 동사 89

부정사

1. 부정사의 용법 90
2. 부정사의 동사적 성질 92
3. 부정사를 동반하는 동사 94

TASK 97

속담 109

05 설탕과 담배

Focal Expressions 114
Grammar Point 116
수동태
1. 시제에 따른 수동 구문 116
2. 문형별 수동태 전환 117
3. 군동사의 수동태 전환 118
TASK 119
영작문 과제 127
속담 128

06 나의 꿈과 현실

Focal Expressions 134
Grammar Point 136
가정법
1. 가정법 현재 136
2. 가정법 미래 136
3. 가정법 과거 136
4. 가정법 과거완료 137
5. 혼합가정법 138
TASK 139
속담 152

07 여러 종류의 직업들

Focal Expressions 158
Grammar Point 160
부사
1. 부사의 형태와 역할 160
2. 빈도 부사의 위치 162
3. 주의해야 할 부사 163
TASK 165
속담 174

Contents

08 러브 스토리

Focal Expressions 180

Grammar Point 182

과거완료시제

1. 과거의 일정한 시점까지의 동작의 완료 182
2. 과거의 일정한 시점까지의 경험 182
3. 과거의 일정한 시점까지의 동작·상태의 계속 182
4. 과거의 일정한 시점까지의 동작 상태의 결과 183
5. 과거시제 이전의 동작·상태를 나타내는 경우 183

분사

1. 한정적 용법 183
2. 서술적 용법 184
3. 분사구문의 의미상의 주어 185
4. 분사구문의 시제·부정·강조 186
5. 부대상황의 with 186

TASK 187

속담 198

09 내가 가장 좋아하는 패스트푸드

Focal Expressions 204

Grammar Point 207

관계사절

1. 관계대명사절과 관계형용사절 207
2. 관계부사절 208

TASK 210

영작문 과제 220

속담 221

10 나의 꿈의 직업

Focal Expressions 226

Grammar Point 230

관사와 명사

1. 부정관사: a / an 230
2. 정관사: the 231
3. 관사의 생략 232

TASK 233

속담 242

11 내가 가장 좋아하는 이야기

Focal Expressions ········ 248

Grammar Point ········ 250

간접의문문

어순

1. 장소와 시간 ········ 251
2. 동사와 함께 쓰이는 빈도부사 ········ 252

TASK ········ 253

영작문 과제 ········ 263

속담 ········ 264

12 나의 가족을 남에게 소개하기

Focal Expressions ········ 270

Grammar Point ········ 274

비교구문

1. 비교급의 형태 ········ 274
2. 비교급의 강조 ········ 274
3. Then + 비교, The + 비교 ········ 275
4. 동등비교 (as~as) ········ 275
5. 우등 비교 (more~than) ········ 275
6. 열등비교 (less~than) ········ 276
7. 배수사 (~times as ~as) ········ 276

최상구문

1. 최상급의 형태 ········ 276
2. 최상급 구문 ········ 277

TASK ········ 278

속담 ········ 291

13 내 나라의 유명한 작가와 미술가들

Focal Expressions ········ 296

Grammar Point ········ 298

1. 동사와 시제 ········ 298
2. 수동구문과 능동 구문 ········ 298
3. 도치 구문 ········ 299
4. 가정법 과거 ········ 300
5. 가정법 과거완료 ········ 300
6. 의미상의 주어로 〈for + 목적격〉을 쓰는 형용사 ········ 300
7. 완료부정사 ········ 301
8. 동명사 용법 ········ 301
9. 현재분사 ········ 302
10. 과거분사 ········ 302
11. 분사의 서술적 용법 ········ 303
12. 〈with + (대)명사[O] + 분사〉형의 분사 구문 ········ 303
13. 주의해야 할 주어와 동사의 일치 (수의 일치) ········ 304
14. 관계대명사와 동사의 일치 ········ 305
15. The + 비교급···, the + 비교급 ~ ········ 305
16. It is ~ that + S + V ········ 306

TASK ········ 307

속담 ········ 315

유명한 사람들

Well-Known People

Lesson Objectives

1. 유명한 사람에 대해 기술해본다.
   (To describe famous people)
2. 유명인 커플과 인터뷰를 하고 글을 써본다.
   (To find an interview with a famous couple and write about it)

Grammar Point

시제 (Tense)

- 현재완료 (Present Perfect)
- 과거시제 (Past Tense)
- 현재시제 (Present Tense)

Focal Expressions

01 This is the most famous couple in America.

최상급 구문은 정관사 the를 최상급 앞에 붙인다.

ex ① 그것은 내가 지금까지 본 것 중 가장 지루한 영화이다.
It was the most boring film I've ever seen.

② 그는 왜 가능한 최악의 순간에 항상 나를 보러 오는가?
Why does he always come to see me at the worst possible moment?

cf [most + 형용사]에서 most=very 의미로 쓰이며, 이때에는 정관사 the를 안 붙인다.

① 당신이 나에게 빌려준 그 책은 매우 재미있었다.
The book you lent me was most interesting.

② 돈에 대해 감사드립니다. 당신은 매우 관대하십니다.
Thank you for the money. It was most generous of you.

02 She is the pop star who has had ten number-one songs-more than any other single artist. He has hit at least 40 home runs every baseball season for the past 4 years and has played on the championship team in the World Series twice.

현재완료 시제는 have + P.P의 형태로 과거부터 현재까지의 사건을 설명한다.

ex ① 나는 셰익스피어의 희극 중 어떤 것도 읽어 본 적이 없다.
I haven't read any of Shakespeare's plays.

② 샐리는 이번 학기에 매우 열심히 공부했다.
Sally has worked very hard this term.

03 A lot of the time since we've been together, one of us has been away

since~, 주어 + have (has) + P.P -: ~한 이래로, -하다. / since~ 다음에 오는 시제는 현재완료 시제가 온다.

ex ① 우리는 아침식사 전에 어떤 것도 먹지 않았다.
We haven't eaten anything since breakfast.

② 그녀는 5살 전 이래로 테니스를 쳤다.
She has played tennis since she was five.

04 We really have to try hard to be together.

have to ~: 해야 한다.

ex ① 나는 독서를 위해 안경을 착용해야 한다.
I have to wear glasses for reading.

② 나는 내일 일찍 일어나야 한다.
I have to get up early tomorrow.

05 The best thing is that money buys us the freedom to be together.

The best thing is that~: 가장~ 한 것은 (that ~) 이다.

ex 가장 좋은 것은 그가 자산가란 사실이다.
The best thing is that he is a man of means.

06 You won't find photos of us coming out of bars and clubs drunk, after spending the night with a whole load of famous people.

현재분사 coming은 동작과 진행을 의미하며, 앞의 photos of us를 수식하는 현재분사이며, spending은 전치사 after의 목적어로 동명사이다.

ex ① 그 모임에 참여하는 사람들은 관심 부족에 대해 우려를 표시했다.
The people attending the meeting expressed concern about lack of interest. (현재분사)

② 오늘밤 극장에서 멋진 영화가 있다.
There is a fascinating movie at the theater tonight. (현재분사)

③ 의사는 가능한 빨리 수술할 것을 주장했다.
The doctor insisted on operating as soon as possible. (동명사)

④ 치과의사에게 가는 것을 미루지 마라.
Don't put off going to the dentist. (동명사)

07 I didn't know what to say to him.

what to say는 동사 know의 목적어인 의문사구이며, what I should say의 의미이다.

ex ① 나는 어떻게 수영해야 하는지를 모른다.
I don't know how to swim.

② 그들은 무엇을 먼저 해야 하는지 알고 싶어 한다.
They wanted to know what to do first.

08 I'm going to marry her someday. Fortunately, she came to another game, and we started talking then.

be going to~: 할 것이다 (미래대용) / marry는 타동사로 전치사 없이 쓰인다. marry with~라고 쓰지 않는다.

ex ① 날씨는 나중에 좋아질 것이다.
The weather is going to be nice later.

② 나는 내일 그녀를 방문할 것이다.
I'm going to visit her tomorrow.

기본 시제 (Primary Tenses)

1. 현재시제 (Present Tense)

1) 현재의 반복적·습관적 동작

ex ① 비가 내릴 때마다 지붕이 샌다.
Whenever it rains, the roof leaks.

② John은 보통 시간이 충분하면 걸어서 학교에 간다.
John usually walks to school if he has enough time.

2) 시간과 관계없이 불변의 진리나 일반적 사실

ex ① 수소는 가장 가벼운 원소이다.
Hydrogen is the lightest element.

② 뜻이 있는 곳에 길이 있다.
Where there is a will, there is a way.

3) 미래시제 대용의 현재시제

왕래발착동사 (come, go, leave, arrive, depart, start, return, sail) + 미래부사 (구)

ex ① 그 배는 오는 월요일에 출항한다.
The ship sails next Monday.

② 내 동생은 다음 달에 미국에서 돌아온다.
My brother returns from America next month.

4) 시간 (when, until, before, as soon as, it will not be long before) 또는 조건 부사절 (if) + 현재 동사 (=미래의 뜻)

ex ① 그는 부모님이 이곳에 오시기 전에 일찍 떠날 것이다.
He is likely to leave early before his parents arrive here. (부사절)

② 나는 내일 날씨가 좋으면 도보여행을 할 것이다.
I will go on a hiking trip if the weather is good tomorrow. (부사절)

※ 시간 절이 동사의 목적어일 때는 미래 동사를 쓴다. (명사절)

ex I don't know when he will accept my offer. (동사 know의 목적절)

※ if 절이 동사의 목적어일 때는 미래 동사를 쓴다. (if=whether)

ex I am wondering if they will arrive here. (동사 wonder의 목적절)

2. 과거시제 (Past Tense)

1) 과거의 동작·상태

yesterday, ago, once, last + 시간명사 + 과거시제

ex ① John은 지난달에 미국으로 갔다.
John went to America last month.

② 어제는 겨울치고는 이상스럽게 따뜻했다.
It was unusually warm for winter yesterday.

2) 과거의 습관·반복적 동작

보통 often, usually, every 등의 빈도부사를 동반하여 나타낸다.

과거의 규칙적 습관: used to

불규칙적 습관: would

ex ① 그녀는 일요일마다 박물관에 가곤 했다.
She used to go to the museum on Sunday.

② 그는 그 당시에 보통 6시에 일어났다.
He usually got up at six in those days.

3. 현재완료시제 (Perfect Tense): have (has) + 과거분사: 현재기준

과거에 시작되어 현재에 완료된 상황이며 경험·계속·결과 용법으로 나누어진다.

1) 동작의 완료

※ just, now, already, this year (week, month), lately, recently 등의 부사 (구)를 수반한다.

※ long ago, yesterday, last year, when 등의 과거를 나타내는 부사 (구·절)와는 함께 쓰이지 않는다.

ex ① 나는 방금 편지를 썼다.
I have just written a letter = I wrote a letter a few minutes ago.

② 그는 금방 나갔습니까?
Has he just gone out? = Did he go out a few minute ago?

③ 그는 아직 작문을 끝내지 않았다.
He has not finished writing his composition yet.

2) 현재까지의 경험

과거에서 현재까지의 경험으로 ever, never, once, before, sometimes, seldom 등을 동반한다.

ex ① 나는 고래를 본 적이 없다.
I have never seen a whale.

② 영어 소설을 읽은 적이 있습니까? 아니오, 읽은 적이 한 번도 없습니다.
Have you ever read an English novel? No, I never have.

③ 오늘은 어디에 다녀왔습니까? 서울에 다녀왔습니다.
Where have you been today? I have been to Seoul.

④ 어디에 있었니? 정원에 있었어.
Where have you been? I have been in the garden.

3) 현재까지의 상태·동작의 계속

상태 동사 (be, have, love, like, hate, know, remember, believe, understand) + 현재완료

※ since, for와 같은 기간을 나타내는 부사구를 수반

ex ① 그가 그 소설을 쓴 지 10년이 지났다.
Ten years have passed since he wrote the novel.
=It is ten years since he wrote the novel.
=He wrote the novel ten years ago.

② 5일 동안 비가 계속 내리고 있다.
It has been(=is) five days since it began to rain.
=It has been raining these five days.

③ 그는 평생 여기서 살고 있다.
He has lived here all his life.

4) 결과를 나타내는 경우

완료 후의 상태가 아직도 그 결과로서 계속되고 있는 것: go, come, leave, become, buy, sell, give 등의 동사가 있다.

ex ① 그는 손목시계를 한 개 샀다.
He has bought a watch. = He has the watch now.

② 그는 학교를 졸업했다.
He has left school. = He is no longer in school.

③ 상당히 따뜻해졌다.
It has become quite warm.

4. 현재진행: be + 동사~ing

1) 현재 진행 중인 동작

ex 그는 미국에 계신 그의 삼촌께 편지를 쓰고 있다.
He is writing a letter to his uncle in America.

2) 미래시제를 대용하는 현재진행형 시제

arrive, come, go, depart, start, leave와 같은 왕래발착동사는 현재진행형 시제로 미래시제를 대용한다. 미래를 나타내는 부사 (구)와 함께 쓰이는 경우가 많다.

ex 나는 내일 오전 10시 기차로 부산으로 떠날 것이다.
I am leaving for Busan by the 10:00 a.m. train tomorrow.

5. 과거진행: be (과거) + 동사 ~ing

1) 과거 한 시점 (기간)에서 진행 중인 동작

ex ① 내가 그녀에게 전화했을 때 그녀는 영어 공부를 하고 있었다.
She was studying English when I called her.

② 수도 파이프를 수리하는 동안 그녀는 내가 하는 일을 지켜보았다.
While I was repairing the water pipe, she was watching my work.

2) 과거의 습관적 동작

ex 그는 늘 사람들의 이름을 잊어버렸다.
He was always forgetting people's name.

TASK 1

적당한 단어로 빈칸을 채우시오. (Fill in each blank with a suitable word)

01. 이들은 미국에서 가장 유명한 커플이다.

This is ______ most famous couple in America.

02. 그는 지난 4년 동안 적어도 40개의 홈런을 매 야구 시즌마다 쳤다.

He ______ ______ at least 40 home runs every baseball season for the past 4 years.

03. 우리는 정말 함께 있으려고 노력해야 한다.

We really ______ ______ try hard to be together.

04. 가장 좋은 것은 돈은 우리에게 함께 있게 하기 위한 자유를 사준다는 것이다.

The best thing is ______ money buys us the freedom to be together.

05. 여러분은 우리가 아주 많은 유명인들과 함께 밤을 보낸 후에, 술 취한 상태로 술집이나 클럽에서 나오는 우리들의 사진을 보지 못할 것입니다.

You won't find photos of us ______ out of bars and clubs drunk, after ______ the night with a whole load of famous people.

06. 나는 그에게 무슨 말을 해야 할지 몰랐죠.

I didn't know ______ ______ ______ to him.

07. 나는 언젠가 그녀와 결혼할 것이다.

I'm ______ ______ ______ her someday.

ANSWER - TASK 1

① the ② has hit ③ have to ④ that ⑤ coming / spending ⑥ what to say ⑦ going to marry

괄호 안의 동사를 올바른 형태로 고치시오.
(Put the verb in the bracket into the correct form.)

이것은 미국에서 가장 유명한 커플이다. 그녀는 어떤 다른 예술가보다도 10개 이상의 최고 히트곡을 갖고 있는 팝스타이다. 그는 지난 4년 동안 야구 시즌마다 적어도 40개의 홈런을 쳤다. 그리고 2번이나 월드시리즈에서 챔피언 팀에서 활약했다. 그들은 합쳐서 1년에 약 4천만 달러를 번다. 그들은 'Hi! Magazine'을 그들의 화려한 가정에 초대했다.

This is the most famous couple in America. She is the pop star who (① have) ten number-one songs-more than any other single artist. He (② hit) at least 40 home runs every baseball season for the past 4 years and (③ play) on the championship team in the World Series twice. Together they make about $ 40 million a year. They invited Hi! Magazine into their luxurious home.

①

②

③

ANSWER - TASK 2

① has had ② has hit ③ has played

TASK 3

올바른 동사 형태를 고르시오. (Choose the correct verb form.)

01. Jane과 Sandy는 2년 동안 함께 있어 왔다.
Jane and Sandy (are/ have been / were) together for two years.

02. 그들은 저녁때 TV 보는 것을 좋아한다.
They (like / have liked / liked) watching TV evenings.

03. 그들은 야구 경기를 본 후에 만났다.
They (meet / have met / met) after a baseball game.

04. 그들은 4월 이래로 그들의 새 가정에서 살아왔다.
They (have lived / live / lived) in their new home since April.

05. Terry는 단 한 번 사랑에 빠졌었다.
Terry (is / has been / was) in love just once.

06. 당신은 rock 콘서트에 가 본 적이 있습니까?
(Have you ever been / Did you ever go) to a rock concert?

07. 나는 지난주에 The Flash를 보았다.
I (saw / have seen) The Flash last week.

08. 나는 그때 이래로 그들의 앨범을 구입해 왔다.
I (have bought / bought) all their albums since then.

ANSWER - TASK 3

① have been ② like ③ met ④ have lived ⑤ has been ⑥ Have you ever been ⑦ saw ⑧ have bought

동사를 현재완료나 과거시제로 쓰시오.
(Put the verbs in the Present Perfect or Past Simple.)

01. 그는 1956년에 그 자신의 TV쇼를 가졌고, 수많은 영화에 나왔다.
그녀는 몇 개의 TV 특별 프로그램과 영화에 나왔다.
He ______(have) his own TV show in 1956 and ________(appear) in a number of movies. She ____________(appear) in several TV specials and TV movies.

02. 그녀는 1972년 매사추세츠 대학교로부터 심리학 학위를 받았다. 그녀는 그때 이래로 캘리포니아에서 대부분 살아 왔다.
She_____________(receive) a degree in psychology from the University of Massachusetts in 1972. She _____________(live) mostly in California since then.

03. 그녀는 25년 이상 녹음예술가였다. 그녀는 1975년에 그녀의 첫 앨범 Inseparable을 녹음했다. 그 앨범으로 그녀는 1976년에 2개의 그래미상을 수상했다.
She__________(be) a recording artist for more than 25 years. She__________(record) her first album, Inseparable, in 1975. With that album she_____(win) two Grammy Awards in 1976.

04. 그녀의 훌륭한 앨범, Unforgettable with love가 1991년에 나왔다. 그 위에 그녀는 "Unforgettable"이라는 노래를 그녀 아버지 목소리와 함께 노래한다. 그때 이래로, 그 앨범은 5백만부 이상 팔렸다.
Her remarkable album, Unforgettable with love,_______(come) out in 1991. On it, she sings a "duet" with her father's voice of the song "Unforgettable" Since then, the album_____ _____(sell) over five million copies.

ANSWER - TASK 4

① had, appeared, has appeared ② received, has lived ③ has been, recorded, won
④ came, has sold

동사를 올바른 형태로 고치시오. (Put the verb into the correct form.)

01. 여름에 존은 대개 일주일에 한 번 또는 두 번 테니스를 친다.

In summer John usually________(play) tennis once or twice a week.

02. 나는 아침식사 이래로 아무것도 먹지 않았다.

I ________________(not eat) anything since breakfast.

03. 밖으로 나가자. 지금은 비가 오지 않고 있다.

Let's go out. It _________________(not rain) now.

04. Sonia는 언어들에 아주 능숙하다. 그녀는 3개의 언어를 아주 잘 말한다.

Sonia is very good at languages. She________(speak) three languages very well.

05. Jane은 내가 도착했을 때, 나를 기다리고 있었다.

Jane________________(wait) for me when I arrived.

06. 내가 어렸을 때, 나는 버스 운전기사가 되고 싶었다.

When I was young, I__________(want) to be a bus driver.

ANSWER - TASK 5

① plays ② have not eaten ③ isn't raining ④ speaks ⑤ was waiting ⑥ wanted

괄호 안의 동사를 가지고 다음 문장들을 영어로 해석 하시오.
(Translate the following sentences into English with the words in the brackets.)

01. 현재시제 (Present Simple)
간호사들은 병원에 있는 환자들을 돌본다. (look after)

02. 현재진행 (Present Continuous)
나는 아파트를 찾을 때까지 몇몇 친구들과 같이 살고 있다. (live / flat)

03. 과거시제 (Past Simple)
나는 지난주에 3번 영화관에 갔었다. (go / cinema)

04. 과거진행 (Past Continuous)
그녀는 우리가 도착했을 때, 커피를 만들고 있었다. (make)

05. 현재완료 (Present Perfect)
우리는 오랫동안 서로를 보지 않았다. (see)

ANSWER - TASK 6

① Nurses look after patients in hospitals. ② I'm living with some friends until I find a flat.
③ I went to the cinema three times last week. ④ She was making coffee when we arrived.
⑤ We haven't seen each other for a long time.

TASK 7

상황을 읽고 보기에 주어진 대로 문장을 쓰시오.
(Read the situations and write sentences as shown in the examples.)

Jack is driving a car but he's very nervous and not sure what to do.

You ask: Have you driven a car before?

He says: No, this is the first time I've driven a car.

01. Sumi는 런던에 있다. 그녀는 막 도착했고 그녀에게는 매우 새롭다.
Sumi is in London. She has just arrived and it's very new for her.

You ask: ______________________

She says: ______________________

02. Minja는 말을 타고 있다. 그녀는 매우 자신감이 있거나 편안해 보이지 않는다.
Minja is riding a horse. She doesn't look very confident or comfortable.

You ask: ______________________

She says: ______________________

03. Len은 테니스를 치고 있다. 그는 익숙하지 않으며, 규칙을 알지 못한다.
Len is playing tennis. He is not very good and he doesn't know thr rules.

You ask: ______________________

She says: ______________________

ANSWER - TASK 7

① Have you been to London before? / No, this is the first time I've been to London.
② Have you ridden a horse before?(Have you been on a horse before?)
/ No, this is the first time I've ridden a horse. (No, this is the first time I've been on a horse.)
③ Have you played tennis before? / No, this is the first time I've played tennis.

다음 단어를 올바른 순서로 넣어서 문장을 만드시오.
(Put the following words into the correct order to make a sentence.)

01. Hemingway가 쓴 이야기들은 종종 미국 문학 교과서에 수록된다. 왜냐하면 Hemingway는 순수한 미국의 문체로 썼기 때문이다.
(stories / Hemingway / often / in / literature / because / wrote / a / American / by / are / included / American / textbooks / Hemingway / in / purely / style)

02. 그의 시대 이래로 많은 다른 작가들은 이 문체를 모방하려고 시도해왔다. 그러나 헤밍웨이는 최고의 본보기로 남아 있다.
(other / since / time / tired / imitate / style / Hemingway / the / example / many / writers / his / have / to / this / but / remains / best)

ANSWER - TASK 8

① Stories by Hemingway are often included in American literature textbooks because Hemingway wrote in a purely American style. ② Many other writers since his time have tired to imitate this style, but Hemingway remains the best example.

주어진 속담을 읽고 다음 빈 칸에 다시 써 보시오. (A~Z)

A

01. A bad workman always blames his tools. (서투른 무당이 장구만 나무란다.)
→ An ill workman always quarrels with his tools.

02. A bird in the hand is worth two in the bush. (남의 돈 천 냥이 내 돈 한 푼만 못하다.)

03. A black hen lays a white egg. (개천에서 용 난다.)

04. A burnt child dreads the fire.
(자라 보고 놀란 가슴 솥뚜껑 보고 놀란다 = 쓰라린 경험은 언제까지나 잊혀지지 않는다.)

05. Accidents will happen. (사고란 일어나기 마련이다.)

06. Actions speak louder than words. (행동은 말보다 미덥다.)

07. A drowning man will catch [grasp] at a straw.
(물에 빠진 자는 지푸라기라도 잡는다.)

08. Adversity makes men, but prosperity makes monsters.
(고생은 사람을 만들고, 안일은 괴물을 만든다.)

09. "After you" is good manners. (양보하는 것이 좋은 예절이다.)

10. A friend in need is a friend indeed.
(곤경에 빠졌을 때의 친구야말로 참다운 친구이다.)

11. After a storm comes a calm.
(폭풍이 지난 뒤에 고요가 온다. 비 온 뒤에 땅이 굳는다.)

12. A good appetite is a good sauce. (시장이 반찬.)

13. A good beginning makes a good ending. (시작이 좋으면 끝도 좋다.)

14. A good medicine tastes bitter. (좋은 약은 입에 쓰다.)

15. A good neighbor is better than a brother far off. (이웃 사촌.)

16. A hungry ass eats any straw. (주린 당나귀는 짚을 가리지 않는다. 시장이 반찬이다.)

17. A journey of a thousand miles begins with a single step. (천 리 길도 한 걸음부터.)
→ Step by step one goes a long way.

18. A large fire often comes from a small spark.
(큰불은 가끔 조그만 불덩이에서 일어난다.)

19. A leopard cannot change his spots.
(표범은 자기의 반점을 바꿀 수 없다, 세살 버릇 여든 간다.)

20. A little is better than none. (조금이라도 있는 것이 없는 것보다는 낫다.)

21. A little learning is a dangerous thing. (선불리 아는 것은 위험한 일이다.)
→ A little knowledge is dangerous.

22. A little pot is soon hot. (작은 냄비는 쉬 뜨거워진다, 소인배는 당장 화를 낸다.)

23. A loaf of bread is better than the song of many birds. (금강산도 식후경.)
→ The belly has no ears.

24. All arts grow out of necessity. (모든 예술은 필요에서 생긴다.)

25. All is fair in love and war. (사랑과 전쟁은 수단을 가리지 않는다.)

26. All is not gold that glitters. = All that glitters is not gold.
(반짝인다고 다 금은 아니다.)

27. All is well that ends well. (끝이 좋으면 모두가 좋은 것이다.)

28. All roads lead to Rome. (모든 길은 로마로 통한다. = 어떤 목적을 달성하는 데에는 다양한 방법이 있음을 강조하는 말로 모든 일의 궁극적인 귀결은 같다.)

29. All that glitters is not gold. (반짝인다고 모두 금은 아니다.)

30. All work and no play makes Jack a dull boy.
(열심히 일하고 열심히 놀아라 = 공부할 때 공부하고 놀 때 놀아라.)

31. A man is known by the company he keeps.
(사귀는 친구를 보면 그 사람의 됨됨이를 알 수 있다.)

32. A man is more or less what he looks. (사람은 대체로 외모대로다.)

33. A man is not good or bad for one action.
(한 가지 일로 사람의 좋고 나쁨을 판단하지 못한다.)

34. A man of many talents. (팔방미인.)

35. A miss is as good as a mile. (오십 보 백 보.)

36. An Englishman's house is his castle.
(영국 사람의 집은 성이다. = 남의 침입을 허용하지 않는다.)

UNIT 02

일상생활 속의 문제점들

Dilemmas in Daily Lives

Lesson Objectives

1. 일상생활에서 해야 할 일과 하지 말아야 할 일을 설명해본다. (To describe do's and don'ts in everyday lives)
2. 자신의 문제를 써보고, 그 문제들에 대해 충고해 본다. (To write one's problems and give one's advice about them)

Grammar Point

1. 조동사 (Modal Auxiliary Verb)
2. Have to

Focal Expressions

01 Jason's company bought him a cell phone

brought (someday) a cell phone: ~에게 휴대폰을 가져다주었다.

Brought는 bring의 과거형으로 4형식 동사이다.

> ex 이 일은 나에게 1,000 달러를 가져다주었다.
> This work brought me 1,000 dollars.

02 They want him to carry it with him all the time, so that they can contact him anywhere, anytime.

want (somebody) to: ~에게 ~을 하기를 원하다.

So that ~ can: 그래서 ~가 ~할 수 있다.

> ex 나는 당신이 그것을 하기를 바란다.
> I want you to do it.

03 He dislikes the idea of always being available, and he hates the way people use cell phones to have privates conversation in public.

Dislikes the idea of ~ing: ~한다는 생각을 싫어하다.

he hates the way~: ~한 방식을 싫어하다.

> ex ① 나는 너무 많이 술을 마신다는 생각을 싫어한다.
> I dislikes the idea of drinking so much.
> ② 그는 사람들이 포크를 사용하여 식당에서 점심 먹는 방식을 싫어한다.
> He hates the way people use fork to have lunch in the dinning room.

04 Why should he accept it?

should: ~해야 한다. / 의문문에서는 should가 주어 앞으로 도치된다.

> ex 왜 그는 당신에게 저것을 말해야 합니까?
> Why should he say that to you?

05 They think that the people around them are invisible and can' hear.

They think that: ~ 그들은 ~라고 생각한다.

> ex 그들은 그 모임이 취소될 것이라고 생각한다.
> They think that the meeting will be called off.

06 He has to keep it.

has to ~: ~해야 한다.

> ex 당신은 왼쪽으로 돌아야 한다.
> You have to turn left.

07 He should have a talk with his supervisor and come to an agreement.

should have a talk with: ~와 이야기해야 한다.

Come to an agreement: ~ 합의에 이르다.

> ex 그들은 교사와 대화를 하여, 합의에 이르러야 한다.
> They should have a talk with their teacher and come to an agreement.

08 Why can't he turn it off sometimes?

turn it off: ~을 끄다. / 2어 동사(two-word verb)의 목적어가 대명사일 때는 동사 바로 뒤에 쓴다.

> ex 소방관은 그것을 즉시 껐다.
> The firefighters put it out immediately.

09 They are one of the best inventions ever.

one of the best inventions ever~: 지금까지 중에서 가장 훌륭한 발명품 중의 하나. / Ever는 최상급 구문에서 쓰일 때 〈지금까지 ~중에서〉의 의미로 쓰인다.

> ex 그는 내가 지금까지 가르쳤던 학생 중에서 가장 우수한 학생 중의 하나이다.
> He is one of the best students I've ever taught.

10 Sarah's 24-year-old son lives at home, stay in bed until late, and watches TV all day.

24-year-old son: 24세 된 아들 / 하이픈(-)은 형용사적 기능으로 연결될 때는 복수형 숫자 뒤에서도 단수형을 쓴다. (years라고 하지 않는다)

> ex 그녀의 12살 된 딸은 대개 일찍 잠자리에 든다.
> Her 12-year-old daughter usually goes to bed early.

11 He's a member of a gang that sometimes causes trouble in the neighborhood.

a member of a gang that~: ~하는 갱의 한 구성원
cause trouble: 문제를 야기하다.

> ex 그는 학교에서 때때로 문제를 일으키는 클럽의 일원이다.
> He is a member of a club that sometimes cause trouble in the school.

12 Sarah worries that he could end up getting into trouble and put in prison.

worry that~: ~을 걱정하다, end up ~ing: 결국 ~이 되다.

> ex 그들은 우리 팀이 결국 경기에서 질 것을 우려하고 있다.
> They worry that our team will end up losing in the game.

13 Children always need the support of their parents, whether they're four or 24.

whether A or B: A이건 B이건 간에

> ex 사람들은 그들이 아이이건 성인이건 아름다운 꽃을 좋아한다.
> People like beautiful flowers, whether they are children or adult.

14 When he is ready, you should help him find somewhere to live.

help (somebody) 동사: 누가 ~하는 것을 돕다. / 동사는 원형 부정사가 오며, to 부정사의 형태가 올 때도 있다.

> ex 나는 그가 그의 물건을 찾는 것을 도왔다.
> I helped him find his things.

15 Meanwhile, you have to give him all the love that he needs

all the love that he needs: 그가 필요로 하는 모든 사랑. / That은 관계대명사이며 love를 선행사로 한다.

> ex 부모는 그들의 자녀에게 그들이 필요한 모든 사랑을 준다.
> Parents give their children all the love that they need.

16 It's time for him to go

그가 갈 시간이다. For him은 의미상 주어 역할을 한다.

> ex 우리가 그 회의에 참가할 시간이다.
> It's time for us to participate in the conference.

17 Twenty-four is too old to be living with his parents

twenty-four는 하나의 단어를 나타내므로 단수 취급한다.

Too ~ to -: 너무 ~해서 -할 수 없다.

ex 43세는 나이가 너무 많아 그 규칙들을 배울 수 없다.
Forty-three is too old to learn the rules.

18 He has to take responsibility for himself

take responsibility for: ~에 책임지다.

ex 그는 실험하는 것에 대해 책임이 있다.
He take responsibility for doing the research.

서법 조동사 (Modal Auxiliary Verb)

1. can · could

1) 허가: ~해도 좋다

ex 어느 것이든 네가 좋아하는 책을 가져도 좋다.
You can take any book you like.

2) 가능: ~할 수 있다

ex 내일 회의에 참석할 수 있다.
I can attend the conference tomorrow.

3) 능력: 현재시제와 과거시제에서는 can 또는 be able to를 쓰며, 미래와 완료 등 can의 어형으로 쓸 수 없는 경우에는 be able to를 사용한다.

ex ① (필요하다면) 혼자서 사업을 경영할 수 있는가?
Could you run the business by yourself (if this was necessary)?

② 우리 아기는 몇 주 후에는 걸을 수 있을 것이다.
Our baby will be able to walk in a few weeks.

4) can의 관용적 표현

① cannot help ~ing = cannot but + 동사원형 = cannot help but + 동사원형 = can do nothing but + 동사원형 = cannot choose but + 동사원형: ~하지 않을 수 없다.

ex ① 나는 그 광경을 보고 웃지 않을 수 없다.
I can't but laugh at the sight.
= I can't help laughing at the sight.

② 그의 재능에 감탄하지 않을 수 없다.
I cannot but admire his talent.

② cannot ~ too … (=It is impossible to over): 아무리 ~해도 지나치지 않다.

ex ① 감사의 말씀을 드릴 수 없을 만큼 대단히 감사합니다.
I cannot appreciate your kindness too much.
② 아무리 건강에 주의하여도 지나치지 않는다.
We can't be too careful about our health.

③ cannot ~ without … (cannot but + 원형): ~하면 반드시 …하다.

ex 그런 이야기를 들으면 울지 않을 수 없다.
I cannot hear such a story without weeping.
=Whenever I hear such a story, I always weep.

④ can afford / be able to afford: 할 여유가 있다 (시간·돈)

ex 그는 차를 살 여유가 있다.
He can afford to by a car.

2. may·might

1) 허가: ~해도 좋다 〈부정: must not 또는 may not〉

ex ① 이제 가도 좋다.
You may go now.
= I permit you to go now.
② 이것을 비누로 빨아서는 안 됩니다.
This must not be washed with soap.

2) may be: ~일지도 모른다 (현재 추측)

ex 그녀는 지금 집에 없을지도 모른다.
She may not be at home now.
= It is possible that she is not at home now.

3) 〈may · might + have + P.P〉: 과거의 추측

과거의 가능성이 현실적으로 일어나지 않은 경우에는 might를 쓴다.

ex 그가 지난밤에 들렀을지도 모른다.
He may have dropped by last night.

4) so (in order) that ~ may + 동사원형: ~하기 위하여

ex 그는 더 좋은 경치를 보려고 더 높이 올라갔다.
He climbed higher in other that he might get a better view.

5) may의 관용적 표현

① may well + 원형: 하는 게 당연하다

ex 당신이 아들을 자랑스럽게 여기는 것은 당연하다.
You may well be proud of your son.

② may as well / might as well + 원형 (공손한 표현): ~하는 게 낫다

ex 너는 나와 함께 가는 것이 좋겠다.
You may / might as well come with me.

③ may as well ~ as (가능한 비교) / might as well ~ as (불가능한 비교): 하느니 …하는 게 낫다.

ex 어떤 것을 불완전하게 알 바에는 그것을 전혀 모르는 편이 낫다.
One may as well not know a thing at all as know it imperfectly.

3. must · need · ought

1) must: 화자의 주관적인 의무(객관적 의무: have to)에 사용한다.

need: 주로 의문문과 부정문에 사용한다.

ought to: ought to·should는 must보다는 의무의 강도가 약하다.

ex ① 자신의 신발은 자신이 닦아야 한다.
You must clean your own boots. (주관적 의무)

② 군에 입대하면 자신의 신발은 자신이 닦아야 할 것이다.
You will have to clean your own boots when you join the army. (객관적 의무)

③ 너는 그곳에 갈 필요가 없다.
You need not go there. (화자의 주관적 불필요)

④ 그는 더 일찍 일어나야 한다.
He ought to get up earlier. (화자의 주어에 대한 의무·권고)

2) must 의 부정: don' t have to, need not

ex 성냥불을 켤 필요가 없다. 나는 아주 잘 볼 수 있다.
You need not light a match: I can see well enough.

3) must have P.P: ~임에 틀림없다 (과거 추측)

부정: can't(couldn't) have + P.P: ~일 리가 없다.

ex ① 그는 대단히 영리한 소년임에 틀림없다.
He must be a very clever boy.

② 한창때 그녀는 미인이었음에 틀림없다.
She must have been a beauty in her day.

4) needn' t + have + P.P: 할 필요가 없었는데

ex 차로 가기 때문에 너는 우산을 가져올 필요가 없었는데.
You needn't have brought your umbrella, for we're going by car.

5) ought to + have + P.P: 했어야 했다, 했더라면 좋았을 텐데. 실제로는 이루어지지 않은 과거의 의무나 소망했던 행동을 나타낸다.

ex 즉시 신고했어야 했는데.
You ought to have informed at once.

4. will · shall

1) 주어의 의지를 나타내는 will

ex 나는 그와 말하지 않겠다.
I will not speak to him.

2) 화자의 의지를 나타내는 shall

ex 너는 돈을 갖게 될 것이다.
You shall have the money. = I'll give you the money.

3) 관용 표현: would rather + 동사원형 / would sooner + 동사원형 (than)
: 차라리 하고 싶다, 차라리 하는 편이 낫다.

ex 이 그림을 파느니 차라리 내 차를 파는 것이 낫다.
I would rather sell my car than this picture.

5. shall · should의 특별용법

1) 의무 · 충고

ex 거짓말을 해서는 안 된다.
You shouldn't tell a lie.

2) should + have + P.P: 과거에 당연히 ~했어야 할 일이 이루어지지 않은 것을 나타낸다.

ex 당신은 그에게 무례하지 말았어야 했는데.
You shouldn't have been rude to him. (but you were rude).

3) suggest(propose / move / recommend) / insist / order(command) / demand(ask, require) + that + 주어 + (should) + 동사원형

ex 의사는 그에게 매일 산책하기를 권한다.
The doctor suggests that he should take a walk every day.
= the doctor suggest that he take a walk every day.

4) lest ~ (should) + 원형: ~하지 않도록

ex 나무에서 떨어지지 않도록 조심해라.
Be careful lest you (should) fall form the tree.

6. used to

1) used to + **동사원형**: 과거의 규칙적 습관이나 상태를 나타낸다.

ex ① 연못 근방에는 전에 큰 나무가 있었다.
There used to be a big tree near the pond.

② 전에는 걸어서 출근했는데 지금은 버스를 탄다.
I used to walk to my office, but now I take the bus.

2) be used to + **동명사**: ~에 익숙해지다.

ex ① 그는 이 도시에 사는 데 익숙해져 있다.
He is used to living in this city.

② 나는 미국음식을 먹는 데 익숙해져 있다.
I'm used to eating American food.

TASK 1

주어진 단어로 다음 문장을 영어로 옮기시오.
(Translate the following sentences into English with the provided word(s).)

01. Jason의 회사는 그에게 휴대폰을 사 주었다. (bring)

02. 그들은 주변 사람들이 볼 수 없으며, 들을 수 없다고 생각한다. (think / invisible)

03. 그것들은 지금까지 중에서 가장 훌륭한 발명품 중의 하나이다. (invention / ever)

04. 그는 때때로 이웃에 문제를 일으키는 갱의 한 구성원이다. (cause trouble / gang)

05. 아이들은 그들이 4살이건 24살이건 부모의 보호가 항상 필요하다. (whether ~ or / support)

06. 당신은 그가 필요로 하는 모든 사랑을 다 주어야 한다. (all the love that)

07. 24살은 나이가 너무 많아 부모와 함께 살 수 없다. (too ~ to)

08. 그는 스스로에게 책임을 져야 한다. (take responsibility for)

ANSWER - TASK 1

① Jason's company bought him a cell phone.
② They think that the people around them are invisible and can' hear.
③ They are one of the best inventions ever.
④ He's a member of a gang that sometimes causes trouble in the neighborhood.
⑤ Children always need the support of their parents, whether they're four or 24.
⑥ You have to give him all the love that he needs.
⑦ Twenty-four is too old to be living with his parents.
⑧ He has to take responsibility for himself.

TASK 2

조동사나 적절한 단어를 사용하여 문장을 완성하시오.
(Complete the sentences using a Modal verb or suitable word.)

01. 내일 회의에 참석할 수 있다.
I __________ attend the conference tomorrow.

02. 그의 재능에는 감탄하지 않을 수 없다.
I cannot __________ admire his talent.

03. 여권을 보여주시기 바랍니다.
__________ I please see your passport?

04. 이들은 우리가 더욱 안전하게 생활할 수 있도록 하려고 그들의 목숨을 걸고 있다.
These men risk their lives so that we __________ live more safely.

05. 당신이 아들을 자랑스럽게 여기는 것은 당연하다.
You __________ well be proud of your son.

06. 당신은 군대에 가면, 자신의 구두를 닦아야 할 것이다.
You will ________ ________ clean your own boots when you join the army.

07. 한창 때 그녀는 미인이었음에 틀림없다.
She __________ have been a beauty in her day.

08. 이 그림을 파느니 차라리 내 차를 파는 것이 낫다.
I __________ rather sell my car than this picture.

09. 당신은 그에게 무례하지 말았어야 했는데.

You __________ __________ have been rude to him. (but you were rude.)

10. 전에는 걸어서 출근을 하곤 했는데, 지금은 버스를 탄다.

I __________ __________ walk to my office, but now I take the bus.

11. 나는 미국음식을 먹는 데 익숙해져 있다.

I'm __________ __________ eating American food.

ANSWER - TASK 2

① can ② but ③ may ④ may ⑤ may ⑥ have to ⑦ must ⑧ would ⑨ should not
⑩ used to ⑪ used to

TASK 3

주어진 단어로 다음 문장을 영어로 옮기시오.
(Translate the following sentences into English with provided words.)

01. 나의 할아버지는 5개의 언어를 말씀하실 수 있다. (could / language)

02. 그들은 밖에 나갔음에 틀림없다. (must / go)

03. 운전면허증을 따기 위해 나는 무엇을 해야 합니까? (have to / driving license)

04. 당신은 내가 이 직업에 응시해야 한다고 생각하십니까? (should / apply for)

05. 그가 여기에 정시에 오는 것은 필수적이다. (essential / should)

ANSWER - TASK 3

① My grandfather could speak five languages. ② They must have gone out.
③ What do I have to get a driving license? ④ Do you think I should apply for this job?
⑤ It is essential that he (should) come here on time.

괄호 안의 동사를 'should (have) 동사' 형태로 문장을 완성하시오.
(Complete the sentences with 'should (have) the verb' in brackets.)

01. 메리는 시험에 합격해야 한다. 그녀는 매우 열심히 공부해왔다.
Mary ________________ the exam. She's been studying very hard. (pass)

02. 너는 어젯밤에 멋진 파티를 놓쳤다. 너는 왔어야 했을 텐데. (오지 못했다)
You missed a great party last night. You ____________________ . (come)

03. 나는 어려운 처지에 있다. 너는 내가 무엇을 해야 한다고 생각하니?
I'm in a difficult position. What do you think I _________________ ? (do)

04. 나는 내일 Jill과 테니스를 칠 것이다. 그녀는 이겨야 한다. – 그녀는 나보다 훨씬 잘 한다.
I'm playing tennis with Jill tomorrow. She ___________ - She's much better than me. (win)

05. 나는 3일 전에 편지를 부쳤다. 그것은 지금쯤 도착했어야 했을 텐데. (도착하지 않았다)
I posted the letter three days ago, so it _______________ by now. (arrive)

ANSWER - TASK 4

① should pass ② should have come ③ should do ④ should win ⑤ should have arrived

TASK 5

mustn't 나 don't(doesn't) have to를 이용하여 문장을 완성하시오.
(Complete these sentences with 'mustn't' or 'don't(doesn't) have to'.)

01. 나는 누군가가 아는 것을 원하지 않는다. 너는 누구에게도 말하지 말아야 한다.
I don't want anyone to know. You ______________________ tell anyone.

02. 그는 일하기 위해 한 벌의 옷을 입을 필요는 없지만 그는 대개 입고 있다.
He ______________________ wear a suit to work but he usually does.

03. 건물에는 승강기가 있다. 그래서 우리는 계단을 올라갈 필요가 없다.
There is a left in the building. so we ______________________ climb the stairs.

04. 큰 소란을 피우지 마라. 우리는 아기를 깨우지 말아야 한다.
Don't make so much noise. We ______________________ wake the baby.

05. 당신은 테니스 한 경기를 즐기기 위해 훌륭한 선수가 될 필요는 없다.
You ______________________ be a good player to enjoy a game of tennis.

ANSWER - TASK 5

① mustn't ② doesn't have to ③ don't have to ④ mustn't ⑤ don't have to don't / doesn't / didn't have to + do / shave / work / go 동사를 이용하여 문장을 완성하시오. (Complete these sentences using don't / doesn't / didn't have to + one of these verbs: do / shave / work / go)

I'm not working tomorrow, so I don't have to get up early.

01. 샌디는 엄청난 부자이다. 그녀는 일을 할 필요가 없다.
Sandy is extremely rich. She ________________ .

02. 잭은 턱수염을 지니고 있다. 그래서 그는 면도를 할 필요가 없다.
Jack has got a beard. so he ________________ .

03. 어떤 사람이 사고로 조금 다쳤다. 그러나 그는 병원에 갈 필요는 없다.
A man was slightly injured in the accident but he ________________ to hospital.

04. 나는 특별히 바쁘지 않다. 나는 할 일이 조금 있지만, 나는 그것들을 지금 할 필요는 없다.
I'm not particularly busy. I've got a few things to do but I ________________ them now.

ANSWER - TASK 6

① doesn't have to work ② doesn't have to shave ③ didn't have to go ④ don't have to do

TASK 7

다음 단어를 올바른 순서로 만들어 문장을 완성 하시오.
(Put the following words in the correct order to make a sentence.)

01. 나는 혼자 사는 데 익숙하다.
(I / used / living / am / to / alone)

02. 나는 그것을 어딘가에 떨어뜨렸음에 분명하다.
(must / dropped / somewhere / I / have / it)

03. 나는 아마도 병원에 가야 할지 모른다.
(might / to / hospital / to / I / have / go)

04. 나는 일찍 일어날 필요가 없었다.
(didn't / to / up / I / need / get / early)

05. 당신이 정각에 여기에 와야 하는 것은 필수적이다.
(is / that / you / here / time / it / essential / be / on)

ANSWER - TASK 7

① I am used to living alone. ② I must have dropped it somewhere.
③ I might have to go to hospital. ④ I didn't need to get up early.
⑤ It is essential that you be here on time.

다음 한국어를 영어로 옮기시오.
(Translate the following Korean sentences into English.)

간디(Gandhi)는 왜 사람들이 다른 사람들에 의해 그렇게 심하게 다루어져야 하는지에 대해 결코 이해하지 못했다. 그는 그들을 도우려고 하면서, 그리고 힌두교도들을(Hindus) 위해 하나의 본보기로서 그들처럼 살면서 그의 인생의 많은 부분을 보냈다.

ANSWER - TASK 8

Gandhi never understood why these people should be treated so badly by others. He spent much of his life trying to help them and living like them as an example for other Hindus. When Gandhi was nineteen, his parents sent him to Ehglish to become a lawyer. It was in England that Gandhi began to seriously study other great religions of the world.

주어진 속담을 읽고 다음 빈 칸에 다시 써 보시오. (A~Z)

A

37. An ill workman always quarrels with his tools. (솜씨없는 일꾼이 연장만 나무란다.)
→ A bad workman always blames his tools.

38. An apple a day keeps the doctor away.
(하루에 사과 한 개씩만 먹으면 의사가 필요 없다.)

39. An ounce of practice is worth a pound of theory. (말보다도 실천.)

40. An oath and egg are soon broken. (달걀과 맹세는 쉬 깨진다.)

41. A penny saved is a penny earned. (1전을 절약하면 1전을 번다.)

42. Appearances are deceptive. (열 길 물 속은 알아도 사람의 한 치 마음 속은 모른다.)

43. A rolling stone gathers no moss. (우물을 파도 한 우물을 파라.)

44. Art is long, life is short. (예술은 길고 인생은 짧다.)

45. As I grew richer, I grew more ambitious. (돈이 많아질수록 더 욕심이 난다.)
→ The more you get, the more you want.

46. As one sows, so shall he reap. (자업자득, 인과응보)
→ As a man sows, so shall he reap. (자기가 뿌린 씨는 자기가 거둬들여야 한다.)

47. As long as there is life, there is hope. (생명이 있는 한 희망이 있다.)

48. As the old cock comes, the young cock learns. (서당 개 삼 년에 풍월한다.)

49. As the twig is bent, so grows the tree. (될성부른 나무는 떡잎부터 알아본다.)

50. A stitch in time saves nine. (제 때의 한 바늘은 뒤의 아홉 바늘의 수고를 덜어준다.)
→ Prevention is better than cure (호미로 막을 것을 가래로 막는다.)

51. As you make your bed, so you must lie on it. (자업자득, 자승자박.)

52. As you sow, so you reap. (뿌린 씨는 스스로 거두어야 한다. 인과응보.)

53. A sound mind in a sound body. (건전한 정신은 건전한 신체에 깃든다.)

54. A tree is known by its fruits.
(그 과실을 보면 나무를 알 수 있다, 콩 심은데 콩 나고 팥 심은데 팥 난다.)

55. Attack is the best defence. (공격이 최선의 방어이다.)

56. A watched pot never boils.
(주전자도 지켜보면 끓지 않는다. = 서두른다고 일이 되는 것이 아니다.)

57. A wander lasts but nine days. (남의 말도 사흘이다.)

B

01. Bad news travels fast. (나쁜 소문은 빨리 퍼진다, 악사천리.)

02. Barking dogs seldom bite. (짖는 개는 좀처럼 물지 않는다.)

03. Beauty is in the eye of the beholder.
(아름다움은 보는 사람의 눈에 있다. = 제 눈에 안경.)

04. Beauty is but [only] skin-deep.
(미모는 거죽 한 꺼풀. = 외모로 사람을 평가하지 말라.)

05. Between two stools you fail to the ground.
(두 가지 일을 한꺼번에 하려다가 모두 그르친다.)
→ If you run after two hares, you will catch neither.

06. Better a living dog than a dead lion. (산 개가 죽은 사자보다 낫다.)

07. Better an egg today than a hen tomorrow.
(생일날의 성찬보다 오늘의 소찬이 더 낫다.)
→ A bird in the hand is worth two in the bush.

08. Beggars can't be choosers. (빌어먹는 놈이 콩밥을 마다 할까.)

09. Behind the clouds is the sun still shining. (고생 끝에 낙이 온다.)

10. Better be the head of a dog than the tail of a lion [horse].

(사자 꼬리가 되느니 개의 머리가 되라.)

= Better walk before a hen than behind an ox.

= Better be the head of an ass than the tail of a horse.

11. Better early than late. (쇠뿔도 단김에 빼라 했다.)

12. Better late than never. (늦어도 안 하는 것보다 낫다.)

13. Better leave it unsaid. (말하지 않는 것이 차라리 낫다.)

14. Better luck next time. (다음번에는 좀 더 나은 운수가 돌아오겠지.)

15. Better the last smile than the first laughter.

(최초의 큰 웃음보다는 최후의 미소가 더 낫다.)

16. Better to be alone than in bad company.

(나쁜 친구와 함께 있느니 혼자 있는 편이 더 낫다.)

내가 살고 싶은 도시

City where I Want to Live

Lesson Objectives

1. 내가 살고 싶은 도시를 묘사해본다.
   (To describe the city where I want to live)
2. 기차로 여행하는 장점과 단점을 써본다.
   (To write the advantages and disadvantages of traveling by train)

Grammar Point

시간절과 조건절
(Time Clause and Conditional Clause)

Focal Expressions

01 The town of Shenzhen, just 40 kilometers north of Hong Kong, is the world's biggest building site.

The town of Shenzhen-Shenzhen이라는 도시(of는 동격)
the world's biggest building site.: 최상급 biggest 앞에 the를 붙인다.

ex 로마라는 도시는 역사적으로 유명한 장소로 유명하다.
The city of Rome is famous for the historic site.

02 It is growing at an incredible speed.

at an incredible speed: 믿을 수 없는 속도로 / at은 〈속도〉 앞에 오는 전치사.

ex 기차는 믿을 수 없는 속도로 달린다.
The train runs at an incredible speed.

03 The Chines government hopes that in less than 10 years this area will be the biggest city on earth, with a population of 40 million people.

hope that ~: ~을 희망하다, in less than 10 years: 10년 안에
with a population of ~: 의 인구를 갖고 있는

ex 20년 이내에, 서울은 인구 1,200만 명의 거대도시가 될 것이다.
In less than 20 years, Seoul will be the big city with a population of 12 million people.

04 It is no longer a country where absolutely everything is owned and controlled by the state.

no longer : 더 이상 ~이 아닌 / where는 관계부사로 in which로 바꾸어 쓸 수 있다. / absolutely everything is owned and controlled by the state 〈절대적으로 모든 것이 국가에 의해 소유되고 통제된다〉 수동구문.

ex 그것은 더 이상 공산주의가 존재하는 사회가 아니다.
It is no longer a society where communism exists.

05 The old China of bicycles and Little Red Books is disappearing. A world of wireless phone sand capitalism is arriving.

is disappearing : 지금 사라지고 있다

is arriving : 지금 도착하고 있다 (현재진행형)

ex 나는 아파트를 찾을 때까지 몇몇 친구들과 함께 살고 있다.
I'm living with some friends until I find a flat.

06 The Chinese people seem to welcome dramatic change.

seem to : ~인 것 같다, dramatic change : 급격한 변화

ex 그들은 많은 돈을 갖고 있는 것 같다.
They seem to have plenty of money.

07 They don't worry about losing traditional ways of life.

worry about losing traditional ways of life : 전통적 생활방식을 잃는 것을 걱정하다 / 전치사 about 뒤에는 목적어로 동명사 losing이 온다.

ex 우리는 그 거래를 놓치는 것에 대해 걱정하지 않는다.
We don't worry about losing the deal.

접속사와 부사절

1. 부사절을 이끄는 접속사: when, as, if

1) if, whether: 둘 다 〈…인지 아닌지〉라는 뜻으로 명사절을 이끌어 문장의 주어 보어 목적어가 된다.

ex ① 그가 올지 안 올지는 확실하지 않다.
whether he will come or not is uncertain. (주어)
=It is uncertain whether he will come or not.

② 그는 내가 중국어를 아는지 물어보았다.
He asked me whether(=if) I knew Chinese. (목적어)

③ 중요한 점은 그녀가 그 계획을 좋아하는지의 여부이다.
The point is whether(=if) she likes the plan. (보어)

2) 시간의 접속사 I: when, while, as, since

ex ① 고양이가 없으면, 쥐들이 판을 친다.
When the cat is away, the mice will play.

② 일할 때는 일하고, 놀 때는 놀아라.
Work while you work, play while you play.

③ 지난 번 당신을 본 이후로 오래 되었어요.
It is long time since I saw you last.

3) 시간의 접속사 II: until, before, after

ex ① 이곳에 도착하고 나서야 나는 그 소식을 들었다.
I did not hear the news until I came here.
=It was not until I came here that I heard the news.

② 그들은 곧 결혼할 것이다.
It will not be long before they get married.
=Before long(=Soon) they will get married.

③ 우리들은 숙제를 한 뒤에 놀았다.
We played after we our homework.

4) 시간의 접속사 III

① as long as = while 〈~하는 한〉

② whenever = every time 〈~ 할 때는 언제나〉

=not(never) ~ but + 주어 + 동사 ….

=not(never) ~ without + 동명사 ….

ex ① 내가 살아 있는 한 너를 도와주겠다.
I will help you as long as I live.
= I will help you while I live.

② 비가 오면 언제나 억수로 퍼붓는다.
Whenever it rains, it pours.
= When it rains, it always pours.
= It never rains but it pours.
= It never rains without pouring.

5) 시간의 접속사 Ⅳ : ~ 하자마자 …하다

As soon as, 주어 + 동사 …

=No sooner + had + 주어 + P.P than + 주어 + 동사 …

=Scarcely(Hardly) + had + 주어 + P.P when(before) + 주어 + 동사 …

=On(Upon) ~ing, 주어 + 동사 …

ex 그는 나를 보자마자 도망갔다.
As soon as he saw me, he ran away.
=No sooner had he seen me than he ran away.
=Scarcely had he seen me when he ran away.
=On seeing me, he ran away.

6) 접속부사

접속부사는 주절을 연결하며, 절 사이의 관계를 연결해 준다.

[추가] also, besides, furthermore, in addition, moreover

[대조] however, instead, nevertheless, still, on the contrary

[원인 / 결과] as a result, consequently, hence, therefore, thus

ex 검정 색소는 3개 원색을 흡수한다: 그래서 그것은 검정색으로 나타난다.
A black pigment absorbs all three primary colors; therefore it appears black.

2. 시간절

1) By the time (that) ~할 때쯤에는

ex ① 그가 도착할 때쯤에 나는 이것을 끝마쳐야만 한다.
I must finish this by the time he arrives.

② 내가 수원에 도착할 때쯤에 그녀는 서울에 있을 것이다.
She will be in Seoul by the time I arrive in Su-won.

2) 시간 (when, until, before, as soon as, it will not be long before) / 조건부사절 (if) + 현재동사 (=미래의 뜻)

ex ① 그는 부모님이 이곳에 오시기 전에 일찍 떠날 것이다.
He is likely to leave early before his parents arrive here. (부사절)

② 나는 내일 날씨가 좋으면 도보여행을 할 것이다.
I will go on a hiking trip if the weather is good tomorrow. (부사절)

※ 시간절이 동사의 목적어일 때는 미래 동사를 쓴다. (명사절)

ex I don't know when he will accept my offer. (동사 know의 목적절)

※ if절이 동사의 목적어일 때는 미래 동사를 쓴다. (if=whether)

ex I am wondering if the will arrive here. (동사 wonder의 목적절)

3) 조건절: 가능한 일을 단순히 가정할 때 쓴다.

ex ① 우리가 밖에 나간다면, 우리는 젖게 될 것이다.
We'll get wet if we go out.

② 만약 내가 쇼핑하러 간다면, 나는 음식을 좀 살 것이다.
If I go shopping, I'll buy some food.

③ 만약 그들이 곧 오지 않으면, 나는 기다리지 않을 것이다.
If they don't come soon, I'm not going to wait.

TASK 1

주어진 단어로 다음 문장을 영어로 옮기시오.
(Translate the following sentences into English with provided words.)

01. 1982년, 그것은 2개의 대도로, 들판 그리고 3만명의 인구를 갖고 있었던 어촌이었다. (fishing village / main roads / fields)

02. 그것은 믿을 수 없는 속도로 성장하고 있다. (grow / incredible / speed)

03. 중국 정부는 10년 이내에 이 지역이 인구 4천만 명의 지구에서 가장 큰 도시가 될 것이라고 희망하고 있다. (hopes that ~ / in less than / on earth)

04. 그것은 더 이상 절대적으로 모든 것이 국가에 의해 소유되고 통제되는 국가가 아니다. (no longer / absolutely / own / control / state)

05. 무선 전화기와 자본주의의 세계가 지금 도래하고 있다. (wireless phone / capitalism)

06. 중국 사람들은 급격한 변화를 환영하고 있는 것처럼 보인다. (seem to / dramatic change)

07. 그들은 전통적 생활방식을 잃는 것을 걱정하지 않는다. (worry / traditional / way of life)

ANSWER - TASK 1

① In 1982 it was a fishing village with two main roads and fields, and a population of 30,000.

② It is growing at an incredible speed.

③ The Chinese government hopes that in less than 10 years this area will be the biggest city on earth, with a population of 40 million people.

④ It is no longer a country where absolutely everything is owned and controlled by the state.

⑤ A world of wireless phone sand capitalism is arriving.

⑥ The Chinese people seem to welcome dramatic change.

⑦ They don't worry about losing traditional ways of life.

TASK 2

괄호 안의 동사를 올바른 시제로 고치시오.
빈칸에는 if, when, while나 as soon as를 쓰시오.
(Put the verb in parentheses in the correct tense. Put 'if, when, while or as soon as' into each blank.)

폴: 안녕, 밴쿠버 여행 잘 해.

(Paul: Bye, Honey. Have a good trip to Vancouver.)

메리: 고마워. 호텔 도착하자마자 전화할게.

(Mary: Thanks. I will call (call) you ⟨as soon as⟩ I arriver at the hotel.)

01. 폴: 좋아. 그런데 오늘밤 헨리와 함께 밖에 나가는 것 잊지마.
Paul: O.K. but remember I ______________(go) out with Henry tonight.

02. 메리: 글쎄, 내가 전화할 때 당신이 밖에 나가면, 내가 응답전화기에 메시지를 남겨 둘게. 그러면 당신은 내가 안전하게 도착했다는 것을 알게 될 거야.
폴: 좋아. 몇 시에 그곳에 도착할 것이지?
Mary: Well, _________ you ________(be) out ⟨________⟩ I ________(call), I (leave) a message on the answering machine so you'll know that I've arrived safely.
Paul: Great. What time do you expect to get there?

03. 메리: 비행기가 정시에 도착하면, 나는 저녁 10시 경에 호텔에 있게 될 거야.
Mary: ______ the plane ________(arrive) on time, I ______________(be) at the hotel about 10: 00 p.m.

04. 폴: 좋아. 도착 비행시간을 알게 되자마자 나에게 연락해. 그러면, 내가 공항에 마중 갈게.

Paul: All right. Give me a call ______________ you ______________(know) the time of your flight back, and I ____________(pick) you up at the airport.

05. 메리: 고마워, 당신. 내가 밖에 있는 동안 식물에 물주는 것 잊지마.

폴: 걱정마. 잊지 않을게. 안녕!

Mary: Thanks, Hon. Don't forget to water the plant ________ I _______(be) away.

Paul: Don't worry. I won't forget. Bye!

ANSWER - TASK 2

① am going ② If, are, when, call, will leave ③ If, arrives, will be ④ As soon as, know, will pick ⑤ While, I am

TASK 3

when, if, before 또는 until을 이용하여 문장을 완성하시오.
(Complete the sentences with 'when, if, before, or until'.)

01. 나는 잠자리에 들기 전에 목욕할 것이다.
I will take a bath _______ I go to bed.

02. 나는 내일 타이페이에 갈 것이다. 내가 도착할 때 전화하겠다.
I'm going to Taipei tomorrow. I'll call you _______ I arrive.

03. 만약 내일 날씨가 좋으면, 우리는 수영하러 갈 수 있다.
_______ it's nice day tomorrow, we can go swimming.

04. 내가 돌아올 때까지, 여기에서 기다려라.
Wait here _______ I get back.

05. 만약 어떤 문제가 있으면, 단지 도움을 요청해라.
_______ you have any problems, just ask for help.

06. 어두워지기 전에 나는 집에 가고 싶다.
I want to get home _______ it gets dark.

07. 나는 시험에 합격할 때까지 운전 수업을 받을 것이다.
I'm going to take driving lessons _______ I pass my test.

08. 네가 집에 가기 전에 나에게 네 주소를 주어라.

Give me your address ________ you go home.

ANSWER - TASK 3

① before ② when ③ if ④ until ⑤ if ⑥ before ⑦ until ⑧ before

TASK 4

다음을 영어로 옮기시오. (Translate the following into English.)

01. 이곳에 도착하고 나서야 나는 그 소식을 들었다.

02. 문을 잠그자마자, 열쇠가 부러졌다.

03. 그는 부모님이 이곳에 오시기 전에 일찍 떠날 것이다.

04. 나는 언제 그가 내 제안을 받아들일지 모른다.

05. 그들이 곧 오지 않으면 나는 기다리지 않을 것이다.

06. 당신은 먹을 것을 먹은 후에 기분이 좋아질 것이다.

07. 나는 쇼핑하러 갈 때에는 음식을 좀 살 것이다.

ANSWER - TASK 4

① I did not hear the news until I came here. = It was not until I came here that I heard the news.

② No sooner had I locked the door than the key broke. = Scarcely had I locked the door before the key broke. = As soon as I locked the door, the key broke.

③ He is likely to leave early before his parents arrive here.

④ I don't know when he will accept my offer.

⑤ If they don't come soon, I'm not going to wait.

⑥ You'll feel better arger you have something to eat.

⑦ When I go shopping, I'll buy some food.

TASK 5

괄호 안의 동사를 사용하여 문장을 완성 하시오. 모든 문장은 미래에 관한 것이다. will/won't나 현재 시제를 사용하시오.
(Complete these sentences using the verbs in brackets. All the sentences are about the future. Use 'will/won't or the present simple'.)

ex I'll phone(phone) you when I get(get) home from work.

01. 그는 지금 매우 다르게 보인다. 당신이 그를 다시 만날 때, 당신은 그를 알아보지 못할 것이다.
He looks very different now. When you ______________(see) him again, you ____________________________(be) ready.

02. 나는 너 없이 나가고 싶지 않다. 나는 네가 준비될 때까지 기다릴 것이다.
I don't want to go without you. I ___________(wait) until you ___________ (be) ready.

03. 나는 날씨가 좋아진다면, 내일 테니스를 치고 싶다.
I'd like to play tennis tomorrow if the weather ________(be) nice.

04. 나는 지금 밖에 나갈 것이다. 만약 누군가가 내가 나간 동안에 전화를 한다면, 메시지를 받아줄 수 있니?
I'm going out now. If anybody _________(phone) while I _________(be) out, can you take a message?

ANSWER - TASK 5

① see / won't recognize ② will wait / are ③ is ④ phones / am

주어진 단어로 다음 한국어 문장을 영어로 옮기시오.
(Translate the following Korean sentences into English using the words provided.)

01. 만약 신체가 당분을 흡수할 수 없다면, 몇 가지 나쁜 일들이 일어날 수 있다. (absorb / sugar / several / happen)

02. 많은 사람은 이 문제들을 알지 못한다. 그래서 그들은 그 문제들이 나타나기 전에 문제들을 예방하려고 시도하지 않고 있다. (be aware of / prevent / before)

03. 컴퓨터와 더 발전된 의료 장비를 사용하면서, 의사들은 계속해서 두통이 일어나기 전과 일어나는 동안에 그 기기가 두뇌에서 일어나는 것에 대해 더 많이 배우고 있다. (advanced / medical equipment / continue / before / during / headaches)

ANSWER - TASK 6

① If the body cannot absorb sugar, several bad things can happen.
② Many people are not aware of these problems, so they do not try to prevent the problems before they appear.
③ Using computers and more advanced medical equipment, doctors continue to learn more about what happens in the brain before and during headaches.

괄호 안의 한국어와 같도록 다음 단어들을 올바른 순서로 배열하여 문장을 만드시오. (Put the following words in the correct order to make a sentence so that it mean the same as the Korean sentence in the bracket.)

01. (만약 부부들이 이혼을 선택하거나 기회 보다는 마지막 안식처로 본다면), 이혼율에 있어서 현재의 감소는 악화되기 보다는 몇 년에 걸쳐 지속될 수 있다.
(couples / divorce / a / resort / than / an / option / opportunity / if / view / as / last / rather / as / or), the current decline in the divorce rate may continue over the years, rather than become worse.

02. (여성이 더 높은 비율의 학사학위와 석사학위를 얻는 반면에), 남성은 여전히 더 높은 비율의 박사학위를 얻고 있다.
(while / earn / higher / of / and / degrees / women / a / percentage / bachelor's / master's), men still earn a higher percentage of doctorate degrees.

03. (언제 소행성들이 지구에 충돌할 수 있는지 알 길이 없다.)
(is / way / know / such / could / the / there / no / to / when / asteroids / strike / earth).

ANSWER - TASK 7

① If couples view divorce as a last resort rather than as an option or opportunity.
② While women earn a higher percentage of bachelor's and master's degrees
③ There is no way to know when such asteroids could strike the earth.

영작문 과제 (Writing Assignment)

01. 재미있다고 여겨지는 사람의 전기를 쓰시오.
(Wite a biography of somebody who you think is interesting.)

02. 단독 주택보다 아파트에 사는 것의 장점과 단점에 대하여 간단한 에세이를 쓰시오.
(Write a brief essay about the advantages and disadvantages of living in an apartment rather than a house.)

주어진 속담을 읽고 다음 빈 칸에 다시 써 보시오. (A~Z)

B

17. Beware of the wolf in sheep's clothing. (양 가죽을 쓴 늑대를 조심하라.)

18. Big talk means little knowledge. (빈 수레가 요란하다.)

19. Birds of a feather flock together. (끼리끼리 모인다.)

20. Birth is much, but breeding is more. (가문보다 교육이 더 중요하다.)

21. Bitters do good to the stomach. (좋은 약은 입에 쓰다.)

22. Blood is thicker than water. (피는 물보다 진하다.)

23. Books are no better than woods without being opened always.
(책은 펴보지 않으면 나무조각과 같다.)

24. Books cannot never teach the use of books.
(책은 그 사용법을 가르쳐주지 않는다 = 스스로 터득하라.)

25. Brevity is the soul of wit. (간결은 지혜의 정수 = 말은 간결할수록 좋다.)

26. Business is business. (장사는 장사 = 인정사정 볼 것 없다.)

27. By other's faults wise men correct their own.
(현명한 사람은 남의 결점을 보고 자기의 결점을 고친다. = 타산지석.)

C

01. Care is no cure. (근심은 할수록 몸에 해롭다.)

02. Care killed a cat [the cat]. (근심은 몸에 해롭다.)

03. Call a spade a spade. (까놓고 말하다, 솔직히 말하라.)

04. Cast not your pearls before swine.
(돼지 목에 진주목걸이.)

05. Charity begins at home. (팔은 안으로 굽는다.)

06. Children have the qualities of the parents. (자식은 양친의 성격을 이어 받는다.)

07. Coming events cast their shadows before.
(일이 일어나려면 반드시 조짐이 있기 마련이다. = 아니 땐 굴뚝에 연기 나랴.)

08. Company in distress makes sorrow less.
(함께 고민하면 슬픔은 덜어진다. = 백지장도 맞들면 낫다.)

09. Constant dripping wears away the stone. (낙숫물이 돌을 뚫는다.)

10. Contentment is better than riches. (만족함을 아는 것은 부유함보다 낫다.)

11. Count one's chickens before they are hatched.
(떡 줄 놈은 생각도 않는데 김칫국부터 마신다.)

12. A creaking gate hangs long. (삐걱거리는 문이 오래간다.)
→ Creaking doors hang the longest. (쭈그렁밤송이 3년 간다.)

13. Curiosity killed the cat. (호기심이 신세를 망친다.)

14. Curses (like chickens) come home to roost. (누워 침 뱉기.)

15. Custom is another [a second] nature. (습관은 제 2의 천성이다.)

16. Cut your coat according to your cloth. (분수에 맞는 생활을 하여라.)

D

01. Danger past, God forgotten. (뒷간에 갈 적 다르고 올 적 다르다.)

02. Dead men tell no tales. (죽은 자는 말이 없다. 그러므로 비밀을 아는 자는 없애라.)

03. Death is the great leveller. (죽음은 만인을 평등하게 한다. = 저승길에 임금 없다.)

04. Death pays all scores. (죽으면 모든 셈이 끝난다. = 죽음은 온갖 원한을 씻는다.)
→ Death quits all scores.

05. Difficulty is the nurse of greatness. (고생을 겪어야 크게 된다.)

06. Do as you would be done by. (남이 당신에게 해주기 원하는 대로 남에게 해주어라.)

07. Do in Rome as the Romans do. (로마에 가면 로마인의 풍습을 따라라.)

08. Do not back him into a corner. (개도 나갈 구멍을 보고 쫓아라.)

09. Don't bite off more than you can chew.
(씹을 수 있는 것보다 더 많이 베어먹어서는 안 된다. = 과욕은 금물.)

10. Don't count one's chickens before they are hatched.
= Do not count your chickens before they hatch.
→ To sell the bear's skin before has been caught.
(떡 줄 사람은 생각지도 않는데 김칫국부터 마시지 말라.)

11. Do not cross the bridge until you come to it.
= Don't cross the bridge till you got to it. (공연히 지레 걱정하지 말라.)

UNIT 04

무서운 사건과 일들

Terrifying Events and Happenings

Lesson Objectives

나의 삶에서 나의 무서웠던 경험을 써본다.
(To write my frightening experiences in my life)

Grammar Point

1. 부정사 (Infinitive)
2. 동명사 (Gerund)
3. So와 Such가 있는 감탄문 (Exclamations with So and Such)

Focal Expressions

01 He sent his parents a letter containing his final grades.

현재분사 containing은 명사 letter를 수식한다.

ex ① 범죄를 조사하고 있는 경찰들은 세 사람을 찾고 있다.
Police investigating the crime are looking for three men.

② 밖에서 기다리고 있는 저 사람들은 누구였는가?
Who were those people waiting outside?

02 No one in Chris's family ever heard form him again.

ever는 과거의 경험을 표현한다. 〈~전에 ~한 적이 있다〉

ex ① 연어를 먹어본 적이 있는가?
Have you ever eaten salmon?

② 그것은 지금까지 내가 본 것 중에서 가장 지루한 영화이다.
It is the most boring film I've ever seen.

03 For the next two years, he hitchhiked to various parts of the United States and Mexico.

〈for the next two years〉는 〈다음 2년 동안〉의 의미로 과거나 현재완료시제와 함께 쓰인다.

ex ① 다음 1년 동안, 그녀는 시험에 합격하기 위해 아주 열심히 공부했다.
For the next one year, she studied very hard to pass the exam.

② 다음 10년 동안, 샐리는 이곳에서 일해 왔다.
For the next ten years, Sally has been working here.

04 His father had a business which he ran efficiently.

run a business: 회사를 경영하다.

ex 모리슨은 그가 효율적으로 경영했던 공장 하나를 갖고 있었다.
Morrison had a factory which he ran efficiently.

05 Chris and his father didn't get along.

get along: 사이좋게 지내다.

ex 메리와 폴은 서로 사이좋게 지냈다.
Mary and Paul got along with each other.

06 Two years after Chris left Atlanta, his mother woke up in the middle of the night.

ex 그가 도시를 떠난 지 3개월 후에, 그의 책은 출판되었다.
Three months after he left the city, his book was published.

07 This is where he went in April 1992.

where은 관계부사로 장소를 의미한다.

ex ① 나는 햇볕이 많은 시골에서 살고 싶다.
I'd like to live in a country where there is plenty of sunshine.

② 나는 최근에 내가 태어난 도시로 돌아왔다.
I recently went back to the town where I was born.

08 He decided to stay there for a while.

Decide는 to부정사를 취하는 동사이다.

ex ① 우리는 날씨 때문에 외출하지 않기로 결심했다.
We decided not to go out because of the weather.

② 시간이 너무 늦었다. 그래서 우리는 집으로 택시를 타고 가기로 결심했다.
It was late, so we decided to take a taxi home.

동명사와 부정사 (Gerund & Infinitive)

※ 동명사와 부정사는 동사에서 파생된 준동사(Semi-verb)이다.

※ 준동사는 동사적 성질을 가지면서 명사나 형용사, 부사 기능을 가진다.

동명사

※ 동사 + ing:동사적 성질을 가지면서 주로 명사적 용법으로 쓰인다.

1. 동명사의 명사적 성질

동명사는 주어·보어·목적어 자리에 놓여 명사가 하는 역할을 한다.

1) 주어 역할

ex 좋은 언어 기술을 기르는 것은 성공의 열쇠이다.
Developing good language skills is a key for success.

2) 보어 역할

ex Her only fault is sleeping late in the morning.
그녀의 유일한 결점은 아침에 늦게까지 자는 것이다.

3) 목적어 역할

동사·전치사·형용사의 목적어로 동명사가 쓰인다.

ex ① 나는 비를 맞으며 산책하는 것을 좋아하지 않는다.
I don't like going for a walk in the rain.

② 치과에 가는 것을 미루지 마라.
Don't put off going to the dentist.

③ 의사는 가능하면 빠른 시일 내에 수술을 해야 한다고 주장했다.
The doctor insisted on operating as soon as possible.

2. 동명사의 동사적 성질

동명사는 원래 동사에서 파생된 준동사이므로 그 동작·상태의 주체를 나타내는 의미상의 주어와 시제, 태를 가지는 등 동사적 성질을 가진다.

1) 동명사의 의미상 주어

① 대명사가 동명사의 의미상의 주어가 될 때에는 소유격으로 표시한다.

ex 그는 그녀가 일등상을 탄 것을 자랑스럽게 여겼다.
He was proud of her winning first prize.

② 무생물 명사가 의미상의 주어일 때는 목적격으로 나타낸다.

ex 햇빛이 비치고 있는데도 공기는 차가웠다.
In spite of the sun shining, the air was cold.

2) 동명사의 시제와 태

① 동명사의 형태: 동사 + ~ing

② 동명사의 시제

ⓐ 단순동명사: 동사 + ~ing

원칙적으로 주절의 동사 시제와 같은 시제를 표현.

ex 그는 그의 아들이 유명한 작가인 것을 자랑스럽게 생각하고 있다.
He is proud of his son being a famous writer.
=He is proud that his son is a famous writer. (술어, 동사 시제와 동일)

※ remember, forget + 동명사 = 과거 시제

나는 어딘가에서 그를 만났던 것을 기억한다.
I remember meeting him somewhere.
=I remember that I met him somewhere.

ⓑ 완료동명사: having + P.P

주절의 동사 시제보다 앞선 시제를 나타낼 때 사용.

ex 그는 젊은 시절에 게으르게 산 것을 후회한다.
He repents of having been idle in his youth.
=He repents that he was idle in his youth.

③ 동명사의 수동형: being + P.P

ex ① 나는 독서를 좋아한다.
I like reading. (능동형)

② 칭찬 받는 것이 무슨 소용이 있는가?
What is the use of being praised? (수동형)

3) 전치사 + 동명사(~ing)

ex ① 나는 그를 만나기를 고대하고 있다.
I'm looking forward to seeing him. (목적어)

② 그는 우승자가 된 것을 자랑스럽게 여겼다.
He was proud of being a winner. (보어)

3. 동명사를 수반하는 동사

동명사를 목적어로 취하는 주요 동사

stop, finish, enjoy, mind, object, give up, avoid, risk, deny, admit, postpone, put off, delay, keep, forgive, quit, excuse, appreciate, suggest, consider, miss, involve, imagine, approve of, call for, depend on, look forward to, put off

ex ① 그는 웃지 않을 수 없었다.
He could not avoid laughing.

② 우리는 더 이상 그 편지에 답장하는 것을 연기할 수 없다.
We cannot put off answering that letter any longer.

4. 부정사나 동명사를 목적어로 취하는 동사

의미가 달라지는 경우

① remember·forget·regret

+ 동명사 (~ing) = 과거시제

+ 부정사 (to + 원형) = 미래시제

ex ① 나는 그녀가 저것과 똑같은 옷을 입고 있었던 것을 기억한다.
I remember seeing her wearing a dress just like that.
=I remember that I saw her wearing a dress just like that.

② 5시에 잊지 말고 나를 깨워주세요.
Please remember to wake me up at 5.

② try

try + 동명사: 시험 삼아 해보다

try + 부정사: 하려고 하다

ex ① 그들은 정원 주위에 모두 철망을 치려고 했다.
They tried to put wire netting all round the garden.

② 그들은 정원 주위에 모두 철망을 쳐봤다.
They tried putting wire netting all round the garden.

부정사

※ to + 동사원형: 동사의 성질을 가지면서 명사·형용사·부사가 하는 역할을 수행한다.

1. 부정사의 용법

1) 명사적 용법

문장에서 주어·주격보어·목적격보어·형용사보어·목적어 등으로 쓰인다.

① 주어 역할

ex 외국어에 정통하는 것은 쉬운 일이 아니다.
It is not easy to master a foreign language.

② 보어 역할

ex 나의 계획은 경제학을 공부하기 위해 미국에 가는 것이다.
My plan is to go to the United States of America to study economics.

③ 목적어 역할

ex 나는 이 책이 읽기 쉽다는 것을 알았다.
I found it easy to read this book.

④ 의문사 + to 부정사의 명사적 용법

ex ① 그 일을 하는 방법이 문제이다.
How to do it is the question. (주어)

② 문제는 어떤 길을 택하느냐 하는 것이다.
The question is which way to take. (보어)

③ 나는 수영하는 방법을 모른다.
I don't know how to swim. (동사의 목적어)

④ 나는 무엇을 해야 할지 어찌할 바를 몰랐다.
I'm at a loss as to what to do. (전치사의 목적어)

2) 형용사적 용법

ex ① 그가 바로 이 일을 할 사람이다.
He is the very man to do this work.

② 그는 우리를 배신할 사람이 아니다.
He is not a man to betray us.

3) 부사적 용법

① 목적: ~하기 위하여

ex 그는 영어를 배우기 위해 미국에 갔다.
He went to America to learn English.
=He went to America in order to / so as to learn English.

② 결과

ex 그는 열심히 공부해서 입학시험에 합격했다.
He worked so hard as to pass the entrance exam.
=He worked so hard that he passed the entrance exam.

③ 원인: ~해서, ~하니

감정 동사 (smile, regret, weep, grieve) + to 부정사

감정 형용사 (sorry glad, happy, surprised, pleased, delighted) + to 부정사

ex 그렇게 오래 앓으셨다니 유감입니다.
I'm sorry to hear that you have been ill so long.

④ 양보·조건: ~에도 불구하고, 만약 ~한다면

ex 그가 영어로 말하는 것을 들으면 너는 그를 영국인으로 여길 것이다.
To hear him speak English, you would think him an Englishman.

⑤ 독립부정사

문장에 삽입되어 일부 구 또는 문장 전체를 독립적으로 수식한다. 보통 조건·양보의 뜻을 나타낸다.

so to speak (말하자면), to tell the truth / to be frank with you / to be honest (솔직히 말해서), to be short (한마디로), not to say (은 아닐지라도), to be sure (확실히), not to speak of / not to mention / to say nothing of (은 말할 것도 없고), needless to say (말할 나위도 없이), to make the matter worse (설상가상으로)

ex ① 그는 말하자면 걸어 다니는 사전이다.
He is, so to speak, a walking dictionary.
=If we were to speak, he is a walking dictionary.

② 그는 사치품은 말할 것도 없고 생필품도 살만한 여유가 없다.
He can't afford to buy the ordinary comforts of life, not to speak of luxuries.

2. 부정사의 동사적 성질

부정사는 원래 동사에서 파생된 준동사이므로 의미상의 주어와 시제·태를 가지는 등 동사적 성질을 가진다.

1) 부정사의 의미상 주어

※ for + 의미상 주어 + to 부정사: 일반적인 경우

※ of + 의미상 주어 + to 부정사: 사람의 행위에 대한 주관적 평가 형용사 뒤에.

It is [nice, careful, kind, wise, clever, foolish, silly, stupid, brave, bold, careless, selfish, bad, rude] + of + 의미상주어 + to 부정사

ex ① 우리가 그 강을 건너는 것은 불가능했다.
It was impossible for us to get across the river.

② 우리를 계속 기다리게 하다니 무례하구나.
It is rude of you to keep us waiting.

2) 부정사의 시제와 태

① 단순부정사: to + 원형

※ 동사와 같은 시제

She appears to be very happy.

그녀는 아주 행복해 보인다.

cf 동사보다 미래의 시제 (미래의 의지, 희망, 기대 등을 나타낸다)

ex 그는 일요일에 돌아올 예정이다.
He expects to be back on Sunday. = He expects that he will be back on Sunday.

② 완료부정사: to have + P.P

동사의 시제보다 앞서 일어난 동작이나 상태를 나타낼 때 사용한다.

ex 그는 아주 행복했던 것처럼 보인다.
He appears to have been very happy.
= It appears that he was / has been very happy.

3) 부정사의 수동태: to + be + P.P(과거분사)

ex ① 그들이 경기에서 승리할지의 여부는 두고 볼 일이다.
Whether they win the game remains to be seen.

② 그 소년은 축하받아야 한다.
The boy is to be congratulated.

3. 부정사를 동반하는 동사

1) 부정사를 목적어로 취하는 주요 동사

seem, remember, forget, promise, swear, consent, agree, neglect, refuse, propose, regret, try, endeavor, attempt, fail, core, hope, hesitate, prepare, decide, determine, undertake, manage, arrange, cease.

ex ① 그는 오늘밤 여기에 오기로 약속했다.
He promised to be here tonight.

② 우리는 내일 출발하고 싶다.
We hope to start tomorrow.

2) 부정사를 목적어·목적격 보어로 취하는 주요 동사

want, wish, love, hate, like, prefer, ask, help, expect, beg, mean, intend, choose, dare, get, need, promise.

ex ① 그는 이탈리아에 가고 싶어 한다.
He wants to go to Italy.

② 그는 내가 이탈리아에 가기를 바란다.
He wants me to go to Italy.

3) 부정사를 목적격 보어로 취하는 주요 동사

tell, order, invite, oblige, compel, allow, permit, teach, instruct, warn, urge, advise, get, request, forbid, show, appoint, cause, enable, encourage, force, persuade, remind + 목적어 + to 부정사.

ex ① 의사는 내게 담배를 끊으라고 충고했다.
The doctor advised me to stop smoking.

② 제퍼슨 대통령은 그를 루이지애나 탐험을 이끌도록 임명했다.
President Jefferson appointed him to lead the expedition into Louisiana.

4) 원형 부정사를 목적격 보어로 취하는 주요 동사

지각동사 (see, feel, hear, watch, notice, behold, observe, look at, listen to)

사역동사 (make, let, have, bid) + 목적어 + 원형 부정사.

단, help는 목적격 보어로 원형 부정사와 to 부정사 모두 쓸 수 있다.

ex ① 나는 그녀가 무대 위에서 노래 부르는 것을 들었다.
I heard her sing on the stage.

② 나는 그에게 사과 편지를 쓰게 하였다.
I made him write a letter of apology.

③ 그는 내가 차를 미는 것을 도와주었다.
He helped me (to) push the car.

[주의] 지각동사와 사역동사가 수동태로 쓰인 경우에는 to 부정사를 써야 한다.

ex ① 그녀가 무대에서 노래 부르는 소리가 들렸다.
She was heard to sing on the stage.

② 나는 그에게 사과 편지를 쓰게 하였다.
He was made to write a letter of apology by me.

5) 원형 부정사를 동반하는 주요 동사

※ had better / would rather / had rather + 원형 (하는 편이 좋다)

※ cannot but + 원형 (하지 않을 수 없다)

※ do nothing but + 원형 (하기만 하다)

ex ① 어두워지기 전에 집에 가려면 서두르는 것이 좋다.
You'd better hurry up if you want to get home before dark.

② 그녀는 매일 걱정만 한다.
She does nothing but worry every day.

6) 부정사 앞에 형용사를 수반하는 부정사 (형용사 + to 부정사)

be ready to

be willing to

be likely to

be able to

ex 사과는 사과주스로 가공될 준비가 되어 있다.
Apple are ready to be processed into apple juice.

7) It(가주어) + is + 형용사 + (for + 목적어) + to + 부정사(진주어)

ex 우리가 그렇게 하는 것은 ~하다.
It is [necessary / possible / impossible / natural / convenient / hard / easy / difficult] for us to do so.

주어진 단어로 다음 문장을 영어로 옮기시오.
(Translate the following sentences into English with provided words.)

01. Chris 가족 중 어느 누구도 그에게서 다시는 소식을 듣지 못했다. (ever / hear from)

02. 다음 2년 동안, 그는 미국과 멕시코의 여러 지방을 무임승차하며 도보 여행을 했다. (next / hitchhike)

03. 그는 그가 원하는 곳으로 가고, 필요할 때 일하기 위한 자유를 원했다. (freedom / where / when)

04. 그의 아버지는 효율적으로 경영할 사업체가 있었고, 그는 마찬가지로 자신의 가족도 통제했다. (business / run / efficiently / control / similar way)

05. Chris와 그의 아버지는 사이가 좋지 않았다. (get along)

06. 1992년 7월에, Chris가 애틀랜타를 떠난 지 2년 후에 그의 어머니는 한밤중에 깨어났다. (two years after / in the middle of)

07. 5월 초에, 알래스카의 황야에서 며칠을 보낸 후에, Chris는 사냥꾼들이 은둔처로 사용했던 낡은 버스를 발견했다. (wilderness / shelter)

08. 그는 한동안 그곳에 머물기로 결심했다. (decide / for a while)

ANSWER - TASK 1

① No one in Chris's family ever heard from him again.
② For the next two years, he hitchhiked to various parts of the United States and Mexico.
③ He wanted the freedom to go where he wanted and to work when he needed.
④ His father had a business which he ran efficiently, and he controlled his own family in a similar way.
⑤ Chris and his father didn't get along.
⑥ In July 1992, two years after Chris left Atlanta, his mother woke up in the middle of the night.
⑦ In early May, after a few days in the Alaskan wilderness, Chris found an old bus which hunters used for shelter.
⑧ He decided to stay there for a while.

올바른 형태를 고르시오. (Choose the correct form.)

01. 나는 담배를 끊기로 결심했다.
I decided (stop / to stop / stopping) smoking.

02. 나는 이럭저럭 나의 여권을 찾았다.
I managed (find / to find / finding) my passport.

03. 쇼핑하러 가자!
Let's go (shop / to shop / shopping)!

04. 나는 그가 말하고 있는 것을 이해하려고 했다. 그러나 이해할 수 없었다.
I tried (understand / to understand / understanding) what he was saying, but I couldn't.

05. 먹을 것 좀 드시겠습니까?
Would you like something (eat / to eat / eating)?

06. 나는 만들기 쉬운 케이크의 요리법이 필요합니다.
I need a recipe for a cake that's easy (make / to make / making).

07. 당신은 춤추는 것을 즐기십니까?
Do you enjoy (dance / to dance / dancing)?

08. 내가 어렸을 때, 아이스 스케이팅 하러 가곤 했다.

When I was young, I used (go / to go / going) ice-skating.

09. 그가 나에게 사랑한다고 말했을 때, 나는 무엇을 말해야 할지 몰랐다.

He told me he loves me. I didn't know what (say / to say / saying).

10. 우리가 휴가 중이었을 때, 우리는 매일 수영하러 갔다.

When we were on vacation, we went (swim / to swim / swimming) every day.

ANSWER - TASK 2

① to stop ② to find ③ shopping ④ to understand ⑤ to eat ⑥ to make ⑦ dancing ⑧ to go ⑨ to say ⑩ swimming

부정사를 사용하여 문장을 완성하시오.
(Complete the sentences using Infinitives.)

01. 좋은 직업을 찾는 것은 어렵다.
(hard / find a good job)

02. 너를 여기서 보다니 놀랍다.
(I / surprised / see you here)

03. 이 책은 읽기가 쉽다.
(This book / easy / read)

04. 어젯밤 너를 여기서 보다니 매우 좋다.
(great / see you last night)

05. 네가 언어를 배울 때, 실수하기가 쉽다.
(easy / make mistakes when you're learning a language)

06. 어휘 목록을 갖는 것은 중요하다.
(important / keep vocabulary lists)

07. 나는 네가 담배를 끊었다는 것을 알게 되어 기쁘다.
(I / pleased / see you've stopped smoking)

---

08. 다섯 명의 자녀와 함께 집을 깨끗하게 유지하기는 불가능하다.
(impossible / keep the house neat with five children)

ANSWER - TASK 3

① It is hard to find a good job. ② I'm surprised to see you here. ③ This book is easy to read
④ It's great to see you last night. ⑤ It's easy to make mistakes when you're learning a language.
⑥ It is important to keep vocabulary lists ⑦ I am pleased to see you've stopped smoking.
⑧ It is impossible to keep the house neat with five children.

~ing를 사용하여 첫 문장과 같은 의미가 되도록 문장을 완성하시오.
(Complete the sentences to that they mean the same as the first sentence. Use '-ing'.)

01. 혼잡한 시간 동안 여행하는 것은 좋은 생각이 아니다.
=혼잡한 시간 동안 여행을 피하는 것이 더 좋다
It's not a good idea to travel during the rush hour.
=It's better to avoid ______________________.

02. 우리, 오늘 대신 내일 떠나볼까?
=내일까지 떠나는 것을 연기하는 것이 어때?
Shall we go away tomorrow instead of today?
= Shall we postpone ____________ until ____________?

03. 라디오 소리 좀 줄여 주시겠습니까?
=괜찮으시다면, 라디오 소리 좀 줄여 주시겠습니까?
Could you turn the radio down, please?
=Would you mind ______________________?

ANSWER - TASK 4

① travelling during the rush hour. ② going away, tomorrow ③ turning the radio down

TASK 5

괄호 안의 동사를 이용하여 새로운 문장을 만드시오.
(Make a new sentence using the verb in brackets.)

ex 그는 몸무게가 준 것처럼 보인다.

He has lost weight. (seem) He seems to have lost weight.

01. 톰은 무언가에 대해 걱정하는 것처럼 보인다.

Tom is worried about something. (appear)

02. 데이비드는 일들을 잊는 경향이 있다.

David forgets things. (tend)

03. 그들은 그 문제를 해결했다고 주장한다.

They have solved the problem. (claim)

ANSWER - TASK 5

① Tom appears to be worried about something. ② David tend to forget things.
③ They claim to have solved the problem.

주어진 단어로 다음 문장을 영어로 쓰시오.
(Translate the following sentences into English with provided words.)

01. 나는 오늘 밤 밖에 나가고 싶지 않다. (want / go)

02. 나에게 질문하는 것을 중단해주세요. (stop / ask)

03. 그 소년 중 한 명이 창문을 깼다는 것을 인정했다. (admit / break)

04. 그 아이는 한밤중에 울기 시작했다. (begin / cry)

05. 나는 더 이상의 질문에 대답하기를 거부했다. (refuse / answer)

ANSWER - TASK 6

① I don't want to go out tonight. ② Please stop asking me questions!
③ One of the boys admitted breaking the window.
④ The baby began to cry(crying) in the middle of the night.
⑤ I refuse to answer any more questions.

TASK 7

~ing를 사용하여 첫 문장과 같은 의미가 되도록 문장을 완성하시오.
(Complete the sentences so that they mean the same as the first sentence. Use '-ing'.)

ex I can do what I want and you can't stop me.
= You can't stop me doing what I want.

01. 어떤 의자도 없는 것이 걱정이다. 나는 네가 그 의자에 앉는 것을 개의치 않기를 바란다.
I'm afraid there aren't any chairs.
I hope you don't mind ______________________.

02. 멋진 날이었다. 그래서 나는 소풍 갈 것을 제안했다.
It was a lovely day, so I suggested ______________________.

03. 웃기는 날이었다. 나는 웃음을 멈출 수 없었다.
It was funny day. I couldn't stop ______________________.

04. 나의 차는 매우 신뢰가 가지 않는다. 그것은 계속 고장이다.
My car isn't very reliable. It keeps ______________________.

ANSWER - TASK 7

① sitting on the chair ② Having a picnic ③ laughing ④ breaking down

주어진 한국어와 같은 의미가 되도록 문장을 완성 하시오.
(Complete the sentences so that they mean the same as the Korean provided.)

01. 이혼 후에 여성들은 남성보다 더 가난에 빠질 가능성이 크다.
(women / more / to / into / than / men / a / after / divorce / are / likely / fall / poverty / are)

____

____

02. 이것을 생각해 보면, 가난에 대한 두려움이 사람들로 하여금 이혼을 못하게 한다는 직접적 증거는 없는 것처럼 보인다.
(this / mind / with / in / there / to / direct / that / fear / poverty / people / divorcing / appears / no / evidence / the / of / deters / form)

____

____

ANSWER - TASK 8

① After a divorce women are more likely to fall into poverty than are men.

② With this in mind, there appears to no direct evidence that the fear of poverty deters people form divorcing.

TASK 9

주어진 표현을 이용하여 새로운 문장을 만드시오.
(Make a new sentence using given expressions.)

어떤 허락되지 않은 집단 행위는 사회 질서와 정의의 확립을 위해 엄격하게 법에 따라서 다루어져야 한다.

Hint

unauthorized: 허락(인정)되지 않은
collective action: 집단 행위
strictly: 엄격하게
establishment: 확립
social order: 사회 질서
justice: 정의

ANSWER - TASK 7

Any unauthorized collective action must be dealt with in accordance with law stictly for the establishment of social order and justice.

주어진 속담을 읽고 다음 빈 칸에 다시 써 보시오. (A~Z)

D

12. Do not go asking for trouble. (사서 고생을 하지 말라.)

13. Do not hallo till you are out of the wood.
(숲에서 다 빠져 나올 때까지는 좋아하지 말라.)

14. Don't judge of a man by his looks. (외양으로 사람을 판단하지 말라.)

15. Do not kick against the pricks.
(가시를 차지 말라. 쓸데없이 저항하여 상처입지 말라.)

16. Do not put the cart before the horse. (본말을 전도하지 말라.)

17. Don't judge a man until you're walked in his boots.
(다른 사람의 입장이 되어보기 전에는 다른 사람을 비난하지 마라.)

18. Don't make a mountain out of a molehill. (침소봉대 하지 마라.)

19. Don't bite hand that feeds you. (은혜를 원수로 갚지 마라.)

20. Don't count your chickens before they are hatched.
(부화되기도 전에 병아리를 세지 마라. 김치 국물부터 마시지 마라.)

21. Don't go near the water till your learn how to swim.
(수영을 배울 때까지는 물가에 가지 마라. 위험한 일은 하지 마라.)

22. Drop by drop fills the tub.
(한 방울 한 방울씩 모여 통을 채운다. = 천 리 길도 한 걸음부터.)

23. Do to others as you would have them do to you.
(남에게 대접을 받으려거든 남을 대접하라.)

E

01. Early to bed and early to rise makes a man healthy, wealthy and wise.
(일찍 자고 일찍 일어나는 것은 건강, 부, 지혜의 근본이다.)

02. Easier said than done. (말하기는 쉽고 실천은 어렵다.)

→ Easy to say, hard to do.

03. Easy come, easy go. (쉽게 얻은 것은 쉽게 없어진다.)

04. Empty vessels make the most sound.
(빈 그릇은 소리가 크다. = 빈 수레가 요란하다.)

05. Enough is as good as a feast.
(배부름은 진수성찬이나 다름없다. = 부족하지 않으면 충분한지 알아라.)

06. Even a worm will turn. = Tread on a worm and it will turn
(지렁이도 밟으면 꿈틀한다.)

07. Even Homer sometimes nods. (호머같은 위대한 시인도 때로는 실수를 한다, 원숭이도 나무에서 떨어질 때가 있다, 성인도 때로는 실수한다.)

08. (Even) Homer sometimes nods. (원숭이도 나무에서 떨어진다.)

09. Everybody's business is nobody's business. (공동 책임은 무책임, 누구에게나 책임이 돌려지는 일은 아무도 열심히 하지 않는다, 모두 함께하는 일은 아무도 제대로 하지 않는 법.)

10. Every bird likes its own nest best.
(어느 새나 자기 둥지를 가장 좋아한다. = 내 집보다 좋은 곳은 없다.)

11. Every cloud has a silver lining.
(어떤 구름도 뒷면은 밝다. = 어떤 나쁜 일이라도 좋은 면이 있다, 괴로움 뒤에는 기쁨이 있다.)

12. Every dog has his day. (쥐구멍에도 볕들 날이 있다, 개똥 밭에도 이슬 내릴 날 있다.)

13. Every flow must have its ebb. (달도 차면 기운다.)

14. Every Jack must has his Jill. (헌 신도 짝은 있다, 짚신도 제 짝이 있다.)

15. Every little bit helps. (아무리 하찮은 것이라도 쓸모가 있다.)

16. Every little makes a mickle. (티끌 모아 태산.)
→ Many drops make shower.
→ Many strokes fell great oaks.

UNIT 05

설탕과 담배

Sugar & Tobacco

Lesson Objectives

우리나라에서 만든 물건들에 대해 써본다.
(To write about things that have made in our country)

Grammar Point

수동 구문 (Passive Constructions)

Focal Expressions

01 Sugar cane was grown in India thousands of years ago.

수동문의 구조로 was grown이 사용되고 있다. ⟨be + P.P=수동구조⟩이다.

> ex ① 그것은 1950년에 건설되었다.
> It was built in 1950.
>
> ② 많은 돈이 강도로 도난 당했다.
> A lot of money was stolen in the robbery.

02 The slaves were shipped across the Atlantic from Africa, packed sometimes one on top of the other in chains, on a journey that Europe.

⟨was shipped⟩는 수동문 구조. Packed는 분사구문의 구주로, 보어로 쓰이는 과거분사, 둘 중 하나는 one, 나머지 하나는the other.

> ex 나는 2개의 펜이 있는데, 한 개는 녹색이고, 다른 것은 빨간색이다.
> I have two pens: one is green and the other is red.

03 So much money was made that sugar was known as "white gold."

so~that-: 너무~하여 -하다. / ⟨was made⟩와⟨was known⟩은 수동구조.

> ex 그는 너무 빨리 반응해서, 아무도 그에게 필적할 수 없다.
> He reacts so quickly that none can match him.

04 Sugar is used to sweeten food and make candy, soft drinks, and chocolate.

⟨is used⟩는 수동구조, ⟨sweeten⟩과⟨make⟩는 to부정사의 병렬구조.

> ex 거의 모든 나무는 씨앗을 갖고, 뿌리를 내리고, 새로운 씨앗을 만든다.
> Nearly all trees have seeds, take roots, and generate new seeds.

05 For thousands of years tobacco was used by the American Indians.

⟨was used by⟩는 수동구조. By 이하는 행위자의 주체를 나타냄.

ex 우리는 밤새 시끄러운 소음에 의해 깨어졌다.
We were woken up by a loud noise during the night.

06 It was chewed or smoked in pipes only by men.

⟨was chewed or smoked~ by⟩ 수동구조.

ex 나는 종종 파티에 초대 받지 못한다.
I'm not often invited to parties.

07 In the 18th century new technology refined tobacco and the first cigarettes were produces.

⟨was produced⟩는 수동구조.

ex 얼마나 많은 돈을 잃어 버렸니?
How much money was stolen?

08 Nowadays cigarette smoking is banned in many public places, especially in the Unite States.

⟨is banned⟩는 수동구조.

ex 2백명의 사람들은 그 회사에 의해 고용되었다.
The hundred people are employed by the company.

09 Until 1820 tobacco was the main export of the United States and still today the tobacco industry makes over $4.2billion a year.

⟨make over $4.2billion⟩ 42억 달러 이상을 벌다.

ex 설탕 회사는 매년 많은 돈을 벌어 들인다.
The sugar company makes much money each year.

수동태 (Passive Voice)

※ 수동태 (Passive Voice): 주어가 동작을 받음.

※ be 동사 + 과거분사

1. 시제에 따른 수동 구문

1. 현재: A language is considered "dead" when it is no longer used for oral communication.
2. 현재진행: English and science are now being taught in our school.
3. 현재완료: Dogs have been kept as domestic animals since then.
4. 과거: The first thermometer was invented by Galileo
5. 과거진행: Theories of logic and binary numbers were being developed by him.
6. 과거완료: By the seventeenth century, chemistry had been recognised as a science.
7. 미래: The course will be offered only in fall semester.

[해 석]

1. 언어는 더 이상 구두언어로 사용되지 않을 때, 죽은 것으로 간주된다.
2. 영어와 과학은 지금 우리학교에서 가르쳐지고 있다.
3. 개들은 그때 이래로 사육동물로 길러져 왔다.
4. 최초의 온도계는 갈릴레오에 의해 발명되었다.
5. 논리와 이진법 숫자들의 이론들은 그에 의해 개발되고 있다.
6. 17세기 무렵, 화학은 과학으로서 인정되어져 왔다.
7. 그 과정은 가을 학기에만 제공될 것이다.

2. 문형별 수동태 전환

1) 3형식 문장:

S + V (동사) + O = S + V (be동사 + 과거분사) + by 행위자

ex Shakespeare가 그 연극을 창작했다.
Shakespeare wrote that play. = That play was written by shakespeare.

2) 5형식 문장

believe, think, consider, make, elect, call, name (라고 부르다), 등 의 동사가 있다.

ex ① 그녀는 그가 멋있다고 믿었다.
She believed him to be handsome.

② 그들은 그를 회장으로 선출했다.
He was believed to be handsome.

[주의] 지각동사나 사역동사의 수동태로 전환: 원형부정사를 to 부정사 형태로 고친다.

ex 나는 그가 다른 사람에 대해 험담하는 것을 들어 본 적이 없다.
I have never heard him speak ill of others.
=He has never been heard to speak ill of others (by me).

3. 군동사의 수동태 전환

군동사는 하나의 단위로 취급하여 수동태로 전환 가능하다.

ex ① 그들은 즉시 의사를 부르러 보냈다.

They sent for at once.

= The doctor was sent for at once.

② 모든 학생들이 그 선생님을 존경했다.

All the students looked up to the teacher.

= The teacher was looked up to by all the students.

[참고] 동사 + 명사 + 전치사가에서 명사가 much, little, no, every, some, any, good 등의 수식을 받을 경우에는 그 명사를 수동태의 주어로 하여 수동태 구문으로 전활할 수 있다.

ex 우리는 그 아기를 잘 돌봐야 한다.

We must [take 〈good care〉 of] the baby.

= The baby must be taken good care of by us.

= Good care must be taken of the baby by us.

주어진 단어로 다음 문장을 영어로 쓰시오.
(Translate the following sentences into English with provided words.)

01. 사탕수수는 수천 년 전에 인도에서 재배되었다. (sugar cane / grow)

02. 너무 많은 돈이 벌려서 설탕은 "흰 황금" 으로 알려졌다. (so~ that, be known as)

03. 설탕은 음식을 달콤하게 하고, 사탕, 부드러운 음료, 그리고 초콜릿을 만드는 데 사용되었다. (use / sweeten)

04. 수천 년 동안 담배는 미국 인디언들에 의해 애용되었다. (tobacoo / use)

05. 요즈음에는 담배 피는 것이 특히 미국의 많은 공공장소에서 금지되고 있다. (nowadays / ban)

06. 오늘날에도 여전히 담배 산업은 1년에 42억 이상을 벌어들이고 있다. (tobaco industry / make)

ANSWER - TASK 1

① Sugar cane was grown in India thousands of years ago
② So much money was made that sugar was known as "white gold."
③ Sugar is used to sweeten food and make candy, soft drinks, and chocolate.
④ For thousands of years tobacco was used by the American Indians.
⑤ Nowadays cigarette smoking is banned in many public places, especially in the Unite States.
⑥ Still today the tobacco industry makes over $4.2billion a year.

TASK 2

괄호 안의 동사를 올바른 시제나 능동태, 또는 수동태로 고치시오.
(Put the verbs in parentheses in the correct tense, active, or passive.)

햄버거는 전 세계에서 어느 음식보다 많이 먹혀진다. 최초의 햄버거는 Louis Lassen이라는 미국 요리사에 의해 1895년 Connecticut에서 만들어져 팔렸다. Louis는 그것들을 햄버거라고 불렀다. 왜냐하면, 그에게 독일 햄버거 출신의 항해사들에 의해 요리법이 주어졌기 때문이다. 햄버거는 20세기 초반에 미국에서 가장 인기 있는 음식이 되었다. 그것들의 인기는 가정식사보다 패스트푸드를 더 좋아하는 10대 아이들에 의해 다량으로 구입되었던 2차 세계대전 이후로 더욱 더 성장했다. 1948년, Dick과 Mac McDonald 두 형제가 캘리포니아에서 드라이브 인 레스토랑을 열었다. 그 후로 26,000개 이상의 Mac McDonald 레스토랑이 전 세계적으로 열려서, 지금은 3,500만 개의 맥도날드 햄버거를 전 세계적으로 120개 국가에서 매일 먹는다.

The hamburger is eaten more than any other food in the whole world. The first hamburgers ①__________(make) and sold in Connecticut in 1895 by an American chef named Louis Lassen. Louis ②________(call) them hamburgers because he ③__________(give) the recipe by sailors from Hamburg, Germany. Hamburgers ④_________(become) a favorite in the United States in the early part of the twentieth century. That popularity ⑤________(grow) even more after Second World war, when they ⑥___________(buy) in large quantities by teenagers who ⑦_________(prefer) fast food family meals.

In 1948, two brothers, Dick and Mac McDonald, ⑧_________(open) a drive-in hamburger restaurant in California. Since then over 26,000 McDonald's restaurants ⑨______________(open) worldwide and now 35 million McDonald's hamburgers ⑩______________(eat) everyday in 120 countries around the world.

ANSWER - TASK 2

① were made ② called ③ was given ④ became ⑤ grew ⑥ were bought ⑦ preferred ⑧ opened ⑨ have opened/ have been opened ⑩ are eaten

다음 대화를 완성하시오.
(Complete the following conversations.)

01. A: 코카콜라와 햄버거는 미국에서만 팔립니까?
(A: Are Coca-Cola and hamburgers sold only in the United Sates?)
B: 아니오. 그것들은 전 세계적으로 팔립니다.
B: No, they aren't. They ____________________ (sell) all over the world.

02. A: 코카콜라는 Louis Lassen이 발명했습니까?
(A: Was Coca-Cola invented by Louis Lassen?)
B: 아니오. 그것은 John Pemberton이 발명했습니다.
B: No, it wasn't. It ____________________ (invent) by John Pemberton.

03. A: 최초의 햄버거는 1948년에 만들어졌습니까?
(A: Were the first hamburgers made in 1948?)
B: 아니오. 그것들은 1895년에 만들어졌습니다.
b: No, they weren't. They ____________________ (made) in 1895.

04. A: 최초의 맥도날드 레스토랑이 뉴욕에서 열렸습니까?
(A: Was the first McDonald' s restaurant opened in New York City?)
B: 아니오. 그것은 San Bernardio, California 에서 열렸습니다.
B: No, it wasn't. It ____________________ (open) in San Bernardio, California.

05. A: 2,600개의 레스토랑이 지금 전 세계적으로 열려있습니까?
(A: have 2,600 restaurants now been opened worldwide?)
B: 아니오. 2,600개는 아닙니다. 2,600개 이상이 전 세계적으로 열려져 있습니다.
B: No, not 2,600. Over 26,000 ____________________ (open) worldwide.

ANSWER - TASK 3

① are sold ② was invented ③ were made ④ was opened ⑤ have been opened

다음 문장을 영어로 쓰시오.
(Translate the following sentences into English.)

01. 그 음악은 매우 시끄럽고 먼 곳으로부터 들을 수 있었다. (hear / 과거 수동태)

02. 그 문제들은 해결된 것 같다. (solve / 현재 완료 진행형)

03. 그 차는 3년 되었지만, 아주 많이 사용되지 않았다. (use / 과거 완료 진행형)

04. 내가 도착했을 때 방은 청소되고 있었다. (clean / 과거 진행 수동태)

ANSWER - TASK 4

① The music was very loud and could be heard form a long way away.
② The problems seem to have been solved.
③ The car was three years old but hadn't been used very much.
④ The room was being cleaned when I arrived.

'somebody' 나 'they'를 사용하지 말고, 수동태 문장으로 쓰시오.
(Instead of using 'somebody'or 'they', write a passive sentence.)

01. 방이 청소되었다.
Somebody has cleaned the room.

02. 연주회는 지연되었다.
They have postponed the concert.

03. 컴퓨터는 현재 사용되고 있다.
Somebody is using computer at the moment.

04. 그 경기는 취소되었다.
They had cancelled the game.

05. 새로운 도로가 도시 주변에 건설되고 있다.
They are building a new road around the city.

ANSWER - TASK 5

① The room has been cleaned. ② The concert has been cleaned postponed.
③ The computer is being used at the moment. ④ The game had been cancelled.
⑤ A new road are being built around the city

TASK 6

being과 attack, give, pay, keep, invite, ask 동사의 올바른 형태를 사용하여 문장을 완성 하시오.
(Complete the sentences using 'being + one of these verbs'(in the correct form): attack, give, pay, keep, invite, ask)

01. 그들은 초대받지 않고 파티에 갔다.
They went to the party withou____________________.

02. 그곳은 위험한 도시이다. 사람들은 어두워진 뒤에 밖에 나가지 않을 것이다. 왜냐하면, 그들은 공격 받는 것을 두려워하기 때문이다.
It's a dangerous city. People won't go out after dark because they are afraid of ____________________.

03. 급여를 받지 않고 일할 준비를 하는 사람은 거의 없다.
Few people are prepared to work without ____________________.

04. 신씨는 계속 기다리는 것 같은 것을 좋아하지 않는다.
Mr. Shin doesn't like ____________________ waiting.

ANSWER - TASK 6

① being invited ② being attacked ③ being paid ④ being kept

괄호 안의 한국 문장과 같은 의미가 되도록 다음 단어들을 올바른 순서로 놓으시오.
(Put the following words in the correct order to make a sentence so that it mean the same as the Korean sentence in the bracket.)

01. 이 가스들의 증가는 최근에 정상보다 높은 평균 지구 온도의 주요 원인으로 믿어지고 있다.
(buildup / these / is / to / cause / higher / normal / global / in / years / the / of / gases / believed / be / major / of / than / average / temperatures / recent)

02. 과학자들은 일부 식물과 동물이 살고 있는 장소의 접근 불가능함에 의해 제한당해 왔다.
(scientists / been / by / inaccessibility / the / where / plants / animals / have / limited / the / of / places / some / and / live)

03. 그들은 그것이 18세 미만이거나 70세 이상의 사람들에게는 사용되지 말아야 한다고 생각한다.
(they / that / should / be / for / under 18 / over 70 / old / think / it / not / used people / or / years)

ANSWER - TASK 7

① The buildup of these gases is believed to be the major cause of higher than normal average global temperatures in recent years.
② Scientists have been limited by the inaccessibility of the places where some plants and animals live.
③ They think that it should not be used for people under 18 or over 70 years old.

주어진 단어로 다음 한국어 문장을 영어로 쓰시오.
(Put the following Korean sentences into English with the words provided.)

그들 다수가 그들의 능력 부족뿐만 아니라, 심한 정신적 육체적 스트레스 때문에, 그런 강압적 학업과 훈련들을 따라잡지 못하고 있다는 것은 당연하다. 그리고 그들의 자녀들이 다른 사람들보다 우수하다고 열심히 믿고 있는 부모들은 종종 부담되는 과업들을 충족시키지 못하는 그들의 자녀들에게 실망하고 있다.

Hint

fail to: ~하지 못하는
catch up with: 따라잡다
compulsory: 강압적인 (의무적인)
due to~: 때문에
be bent on: ~에 열중하는
superior to: ~보다 우수한
disappoint: 실망하다
meet the burdensome tasks: 부담되는 과업을 충족시키다

ANSWER - TASK 8

It is natural that many of them fail to catch up with such compulsory studies and practices not only because of their lack of ability, but also due to heavy mental and physical stress. And parents, who are bent on believing that their children are superior to others, are often disappointed at their children for failing to meet the burdensome tasks.

영작문 과제 (Writing Assignment)

01. 여러분의 인생에서 무서운 경험을 서술하는 간단한 에세이를 쓰시오.
(Write a brief essay describing the frightening experiences in your life.)

02. 껌을 씹는 것은 우리나라에서 일반적인 습관이다. 그것은 나쁜 습관이라고 생각하는가? 그 이유를 써 보시오.
(Chewing gum is a common habit in our country. Do you think it is considered a bad habit? Why / Why not?)

주어진 속담을 읽고 다음 빈 칸에 다시 써 보시오. (A~Z)

E

17. Every man to his taste. (기호는 사람마다 다르다.)
→ Every man has his humor.

18. Every man for his own trade. (사람은 제각기 전문이 있다.)

19. Every man has the defects of his own virtues.
(사람에게는 장점과 그에 따른 결점이 있다.)

20. Every man has his humor. (사람의 마음은 각양각색.)

21. Every miller draws water to his own mill. (자기에게 유리하게 해석한다.)

22. Everyone has a skeleton in his closet. (털어서 먼지 안 날 사람 없다.)

23. Every rose has its thorn. (모든 장미는 가시가 있다.)
→ No rose without a thorn. (세상에 완전한 행복은 없다.)

24. Everything comes to those who wait. (기다리는 자는 모든 것을 성취한다.)

25. Everything has its time. (모든 것은 다 때가 있다.)

26. Everything has a beginning. (만사에는 시작이 있다.)

27. Everyone to his taste. (각인각색.)

28. Everything has its seed. (모든 일에는 원인이 있다.)

29. Example is better than precept. (본보기는 교훈보다 낫다, 교훈보다 실례.)

30. Experience keeps a dear school.
(경험이라는 학교는 수업료가 비싸다. = 쓰라린 경험을 통해 현명해진다).

31. Extremes meet. (극단과 극단은 일치한다.)

32. Eyes are more eloquent than lips.
(눈은 입보다 능변하다. = 더 풍부하게 감정을 표현한다.)

F

01. Faint heart never won fair lady. (소심한 사람이 미인을 손에 넣은 예는 없다.)

02. Father's virtue is the best heritage for his child. (아버지의 덕행은 최상의 유산이다.)

03. Fine clothes make the man. (옷이 날개다.)

04. Fine feathers make fine birds. (옷이 날개.)

05. First come, first served. (먼저 온 사람이 먼저 대접 받는다, 선착순 우선.)

06. Fools rush is where angels fear to tread. (하룻강아지 범 무서운 줄 모른다.)

07. Fortune favors the brave. (운명의 여신은 용감한 자의 편이다.)

08. Four eyes see more than two. (두 사람이 한 사람보다 낫다.)

09. From word to deed is a great space. (말을 실천에 옮기는 일이 그리 쉽지 않다.)

10. From saying to doing is a long step. (말하기는 쉬우나 행하기는 어렵다.)

G

01. Gain time, gain life. (시간을 아끼면 인생을 얻는다.)

02. Garbage in, garbage out. (입력이 나쁘면 출력도 나쁘다.)

03. Gather roses while you may.
(할 수 있을 때 [젊을 때] 장미 꽃을 모아라. = 청춘은 다시 돌아오지 않는다.)

04. Glory is the fair child of peril. (호랑이를 잡으려면 호랑이 굴에 들어가야 한다.)

05. God helps those who help themselves. (하늘은 스스로 돕는 자를 돕는다.)
→ Heaven helps those who help themselves.

06. Go for wool and come home shorn. (혹 떼러 갔다, 혹 붙여온다.)

07. Go home and kick the dog. (종로에서 뺨 맞고 한강에서 눈 흘긴다.)

08. Good luck alternates with misfortune. (행운과 불행은 번갈아 온다.)

09. Good medicine is bitter in the mouth. (좋은 약이 입에 쓰다.)

10. Good things come in small package. (작은 그릇으로 귀중한 물건을 담을 수 있다.)

11. Good wine needs no bush. (좋은 물건에는 광고가 필요없다.)

12. Grasp all, lose all. (모두 잡으려다 몽땅 놓친다.)

13. Great barkers are no bites. (짖는 개는 물지 않는다.)
→ Barking dogs seldom bite.

UNIT 06

나의 꿈과 현실

My Dreams and Reality

Lesson Objectives

1. 내가 방문하고 싶은 나라를 묘사해본다.
   (To describe the country I'd like to visit)
2. 내가 만나고 싶은 유명인들에 대하여 써본다.
   (To write about the famous people I'd like to meet)

Grammar Point

가정법 (Subjunctive Mood)

Focal Expressions

01 John Roberts 79, used to be a clergyman.

used to 과거의 상태를 나타낸다.

ex 연못 근처에 큰 나무가 있었다.
There used to be a big tree near the pond.

cf 나는 과거에 테니스를 많이 치곤 했지만, 지금은 아주 자주 치진 않는다.
I used to play tennis a lot but I don't play very often now.

02 Some people die and they still have problems when they leave this world, so they come back again as ghosts to work them out.

시간의 부사절인〈when-〉은 왕래발착동사인 leave가 현재형으로 쓰이지만, 미래를 의미한다.

ex ① 나의 동생은 다음 달에 미국에서 돌아온다.
My brother returns from America next month.

② 나는 직장에서 집에 돌아 올 때, 너에게 전화를 하겠다.
I'll phone you when I get home form work.

03 He says he has met thousands of ghosts trapped between this world and the next. He helps them work out their problems so they can move onto the next world.

help는 사역동사이므로 work라는 원형이 온다.

So (that) ~ Can -: -할 수 있도록

ex ① 그는 내가 차를 미는 것을 도왔다.
He helped me push the car.

② 당신은 내가 이 테이블을 옮기는 것을 도와줄 수 있습니까?
Can you help me to move this table?

04 At exactly nine every night a three-year-old boy got out of bed and came downstairs.

a three-year-old boy에서 year가 아닌 것에 주의한다.

> ex 빌이라는 이름의 5살 된 소년이 경연대회에서 일등상을 받았다.
> A five-year-old boy named Bill win the first prize in the contest.

05 For Mr. Roberts this was an easy problem to deal with.

deal with: ~을 다루다

> ex 우리는 다루어야 하는 다양한 문제를 갖고 있다.
> We have a wide variety of problems to deal with.

06 The family was never troubled again.

집합명사 family는 단수 취급이다.

> ex 나의 가족은 대가족이다.
> My family is a large one.

07 I tell people that if they wanted me to get rid of them, I might be throwing their grandmother out of the house.

〈If they wanted ~, I might~〉는 조건절이다(가정법과거).

> ex ① 만약 내가 많은 돈을 갖고 있다면, 나는 그 아파트를 살 것이다.
> If I had much money I would buy the apartment.
>
> ② 만약 내가 파티에 가고 싶지 않다면, 가지 않겠다.
> If I didn't want to go the party, I wouldn't go.

08 You just need to tell them, firmly, to go away and leave you alone."

〈need to + 동사〉에서 need는 본동사이다.

가정법(Subjunctive Mood)

1. 가정법 현재

현재 또는 미래에 대한 불확실한 상상, 사실이나 의심을 나타낸다.

〈If + 주어 + 동사원형 or 현재형, 주어 + will / shall + 동사원형〉

> ex 만약 내일 비가 온다면, 그는 오지 않을 것이다.
> If it rains tomorrow, he will not come.

2. 가정법 미래

현재나 미래에 대해서 매우 불확실한 것을 나타낸다.

가능성이 희박한 일을 가정하거나, 미래에 대한 강한 의심을 나타낼 때 쓴다.

〈If + 주어 + were to / should + 동사원형, 주어 + will(would) / shall(should) + 동사원형〉

> ex 만약에 내일 비가 온다면 나는 집에서 책을 읽을 것이다.
> If it should rain tomorrow, I will(would) read books at home.

3. 가정법 과거

현재 사실에 반대되는 일을 가정을 할 때 쓴다.

〈If + 주어 + were / 동사 과거형, 주어 + 조동사과거형 + 동사원형〉

1) 현재 사실에 반대되는 가정

> ex ① 만약 내가 영어를 할 줄 안다면 나는 행복할 것이다.
> If I knew English, I should be happy.
>
> ② 만약 내가 돈이 많이 있다면 그 사전을 살 것이다.
> If I had much money, I would buy the dictionary.

2) 현재 또는 미래에 대한 순수한 가정

ex ① 만일 내가 네 입장이라면, 나는 절대 그렇게 하지 않을 것이다.
If I were in your position, I would never do so.

② 그가 의사의 충고를 듣는다면 곧 다시 나을 것이다.
If he took the doctor's advice, he might soon be well again.

4. 가정법 과거완료

과거에 일어난 사실을 반대로 가정하거나 과거에 실현하지 못한 것을 가정할 때 쓴다.

※ 〈If + 주어 + had + p.p, 주어 + 조동사과거형 + have + p.p〉

ex ① 만일 그가 시간이 충분히 있었더라면 그는 그것을 더 잘했을 것이다.
If he had had enough time, he would have done it better.
= As he did not have enough time, he could not do it better.

② 만일 네가 택시를 탔더라면 너는 정각에 그 곳에 도착할 수 있었을 텐데.
If you had taken a taxi, you could have gotten there in time.

※ I wish + 가정법 〔과거 / 과거완료(had + p.p)〕
as if + 가정법 〔과거 / 과거완료(had + p.p)〕

ex ① 내가 새라면 좋을 텐데.
I wish I were a bird.

② 그는 나에게 모든 것을 알았던 것처럼 말했다.
He spoke to me that he had known everything.

〔주의〕 I wish ...와 as if ... 뒤에 오는 시제는 과거형 동사(가정법 과거), 또는 had + p.p(가정법 과거완료) 중에 하나가 오며, 과거형 동사는 주절의 동사와 동일 시제를 나타내고 had + p.p는 주절의 동사보다 한 시제 앞선 시제를 나타낸다.

※ but for, except for, without + 명사 ~이 없다면
(= If it had not been for + 명사(가정법 과거완료)
(If it were not for + 명사(가정법 과거)

ex ① 네 도움이 없었더라면, 나는 성공하지 못했을 것이다.
But for your help, I could not have succeeded.

② 인터넷 기술이 없다면, 많은 정보를 얻는 것은 불가능할 것이다.
Without internet technology, it would never be possible to get lots of information.

5. 혼합가정법

과거의 사실이 현재에 영향을 주는 가정법.

〈If 주어 + had + p.p, 주어 + 조동사의 과거형〉
(=과거사실의 가정) (=현재사실의 가정)

ex 만약 그가 한국전쟁에서 죽지 않았었다면, 지금은 50살이 되었을 텐데.
If he had not been killed in korean War, he would be 50 now.

주어진 단어로 다음 문장을 영어로 쓰시오.
(Translate the following sentence into English with the provided words.)

01. 79세의 존 로버츠는 전에 성직자였다. (used to / clergyman)

02. 그는 그들의 집에 유령이 있는 사람들이 유령을 제거할 수 있도록 도와준다. (ghosts / get rid of)

03. 어떤 사람들은 죽고, 그들이 이 세상을 떠날 때도 여전히 문제를 갖고 있다. 그래서 그들은 귀신이 되어 그것들을 해결하려고 다시 돌아온다. (leave / work ~ out)

04. 그는 이 세상과 다음 세상 사이에 갇힌 수많은 귀신을 만났다고 말한다. (trap/ between)

05. 매일 밤 정각 9시에, 3살 난 소년이 침대에서 나와서 아래층을 내려온다. (exactly / get out of)

06. 그 노인은 그에게 침대에서 벗어나서 아래층으로 내려가라고 말했다. (get out of / downstairs)

07. 로버츠에게는 이것은 다루기 쉬운 문제였다. (for Mr. Roberts / deal with)

08. 대부분 귀신들은 가족의 구성원이다. (most of the time / member)

09. 나는 사람들에게, 만약 그들이 나에게 귀신들을 제거해 달라고 원하면, 나는 그들의 할아버지를 집에서 추방할 것이다. (get rid of / throw ~ out of)

10. 여러분은 단지 그들에게 단호하게 떠나갈 필요가 있다고 말할 필요가 있고, 여러분은 혼자 내버려두라고 말할 필요가 있다. (need to / firmly / go away / leave ~ alone)

ANSWER - TASK 1

① John Roberts 79, used to be a clergyman.

② He helps people who have ghosts in their houses to get rid of them.

③ Some people die and they still have problems when they leave this world. so they come back again as ghosts to work them out.

④ He says he has met thousands of ghosts trapped between this world and the next.

⑤ At exactly nine every night a three-year-old boy got out of bed and came downstairs.

⑥ The old man told this him to get out of his bed and go downstairs.

⑦ For Mr. Roberts this was an easy problem to deal with.

⑧ Most of the ghosts are member of the family.

⑨ I tell people that if they wanted me to get rid of them, I might be throwing their grandfather out of the house.

⑩ You just need to tell them, firmly, to go away and leave you alone.

TASK 2

동사를 올바른 형태로 고치시오. (Put the verb into the correct form.)

01. 만약 내가 그들을 만나러 가지 않았더라면, 그들은 좀 화가 났을 것이다.
They would be rather offended if I ______________ to see them. (not / go)

02. 만약 네가 좀 더 운동을 한다면, 너는 기분이 더 좋아질 것이다.
If you took more exercise, you ______________ better. (feel)

03. 만약 나에게 그 일이 주어진다면, 나는 그것을 받아들일 것이라고 생각한다.
If I was offered the job. I think I ______________ it. (take)

04. 만약 내가 그의 번호를 안다면, 나는 그에게 전화할 것이다.
If I ______________ his number, I would phone him. (know)

05. 내가 할 수 있다면, 나는 너를 도울 텐데. 그러나 내가 할 수 없어 걱정이다.
I ______________ you if I could, but I'm afraid I can't. (help)

06. 내가 너라면, 저 코트를 살 텐데.
I ______________ that coat if I were you. (not / buy)

07. 나는 네가 병원에 있었다는 것을 알지 못했다. 만약 내가 알았었다면, 너를 방문했을 텐데.
I didn't know you were in hospital. If ______________ (I / know).
I ______________ (I / go) to visit you.

08. 캔은 그의 기차를 잡기 위해 제 시간에 맞게 그를 역에 데려다 주었다. 만약 그가 놓쳤었다면, 그는 그의 면접에 지각했을 것이다.

Ken got you to the station in time to catch his train. If ______ (he / miss) it.

________________________ (he / be) late his interview.

09. 나는 지금 피곤하지 않다. 만약 내가 피곤하다면, 나는 지금 집에 갈 텐데.

I'm not tired. If ______________________ (I / be) tired, I'd go home now.

ANSWER - TASK 2

① didn't go ② would feel ③ would take ④ knew ⑤ would help ⑥ wouldn't buy
⑦ had known/ would have gone ⑧ he had missed/ he would have been ⑨ I were

TASK 3

if를 이용하여 각 상황에 맞게 문장을 쓰시오.
(Write a sentence with 'if …' for each situation.)

01. 우리는 당신이 너무 멀리 떨어져 살기 때문에, 당신을 아주 종종 방문하지 못한다.
We don't visit you often because you live so far away.

02. 그는 말을 아주 분명하게 하지 못한다. 그것이 사람들이 그를 이해하지 못하는 이유이다.
He doesn't speak very clearly-that's why people don't understand him.
= If he ________ more ________ . people ________ .

03. 나는 배가 고프지 않다. 그래서 나는 아무것도 먹지 않았다.
I wasn't hungry, so I didn't eat anything.

04. 앞의 운전자가 너무 갑자기 멈추었기 때문에 사고가 발생했다.
The accident happened because the driver in front stopped so suddenly
= If the driver in front ________________ .

ANSWER - TASK 3

① If you didn't live so far away, we'd visit you more often. ② If he spoke more clearly, people would understand him. ③ If I'd been hungry, I would have eaten something.
④ If the driver in front hadn't stopped suddenly, the accident wouldn't have happened.

문장을 고치고, 그 문장을 다시 쓰시오.
(Correct the sentences and rewrite them.)

01. 만약 내가 차가 있다면, 나는 너를 태워줄 것이다.
If I'd have a car, I'd give you a lift

02. 그들은 그들의 아이를 올리비아라고 이름을 지을 것이다. 그러나 확실하지 않다.
They will name their baby Olivia. but They aren't sure yet.

03. 나는 네가 너무 멀리 살지 않으면, 좀 더 자주 방문할 것이다.
I'd visit you more often if you wouldn't live so far away.

04. 나는 내일 테니스를 칠지도 모른다. 그러나 확실하지 않다.
I'm playing tennis tomorrow. I'm not sure.

05. 만약 내가 좀 더 젊다면, 나는 피아노 치는 것을 배울 텐데, 그러나 나는 지금 나이가 너무 많다.

If I'm younger, I'll learn to play the piano, but I'm too old now.

ANSWER - TASK 4

① If I had a car, I'd give a lift. ② They might name their baby Olivia, but they aren't sure yet.

③ I'd visit you more often if you didn't live so far away.

④ I might play tennis tomorrow, but I'm not sure.

⑤ If I were younger, I would learn to play the piano, but I'm too old now.

다음 문장을 영어로 쓰시오. (Put the following sentences into English.)

01. Tom은 좀 더 시간이 많았다면, 더 많이 읽었을 텐데.

02. 만약 내가 파티에 가고 싶지 않았다면, 나는 가지 않았을 텐데.

03. 만약 네가 내 위치에 있다면, 너는 무엇을 하겠니?

04. 나는 어젯밤에 집에 머물러 있기로 결심했다. 만약 내가 아주 피곤하지 않았었다면, 밖에 나갔었을 텐데.

05. 날씨가 우리가 밖에 있는 동안 추웠다. 나는 날씨가 좀 더 따뜻했기를 바랐는데.

ANSWER - TASK 5

① Tom would read more if he had more time.
② If I didn't want to go to the party, I wouldn't go.
③ If you were in my position, what would you do?
④ I decided to stay at home last night. I would have gone if I hadn't been so tired.
⑤ The weather was cold while we were away. I wish it had been warmer.

다음 보기에 주어진 대로 질문에 대답하시오.
(Answer the questions in the way shown.)

ex A: Shall we catch the 10: 30 train?
B: No. (arrive/too early) If caught the 10: 30 train, we'd arrive too early.

01. A: 우리가 빌을 파티에 초대하는 게 어때?
B: 싫어, 만약 우리가 빌을 파티에 초대한다면 우리는 그의 친구들도 초대해야 돼.
A: Why don' t we invite bill to the party?
B: No. (have to invite his friends too)

02. A: 그들에게 사실대로 말하자.
B: 싫어, 만약 우리가 그들에게 사실을 말한다면, 그들은 우리를 믿지 않을 거야.
A: Let' s tell the truth.
B: No. (not / believe us) If

03. A: Sandy가 그 직업에 응시할 것이니?
B: 아니. 만약 그녀가 직업에 응시한다면, 그녀는 그것을 얻지 못할 거야.
A: Is Sandy going to apply for the job?
B: No. (get it) If

04. A: 우리 호텔에 머무는 것이 어때?

B: 싫어, 만약 우리가 호텔에 머문다면, 너무 많은 비용이 들거야.

A: Why don' t we stay at a hotel?

B: No. (cost too much money) If

ANSWER - TASK 6

① If we invited Bill to the party, we'd had to invite his friends too.

② If we told them the truth, they wouldn't believe us.

③ If she applied for the job, she wouldn't get it.

④ If we stayed at a hotel, it would cost too much money.

TASK 7

다음 단어들을 올바른 순서로 놓아서 문장을 만드시오.
(Put the following worlds in the correct order to make a sentence.)

01. 만약 짐이 내게 돈을 빌려 주지 않았었다면, 나는 차를 살 수 없었을 텐데.
(Jim / not / me / money / if / had / lent / the), I would not have been able to buy the car.

02. 만약 수미가 안전벨트를 착용하지 않았었다면, 그녀는 부상을 당했었을 텐데.
If Sumi had not been wearing a seat belt, (would / been / she / have / injured)

03. 만약 네가 아침식사를 먹었었다면, 너는 지금 배고프지 않았을 텐데.
(if / had / some / you / had / breakfast), you wouldn't be hungry now.

04. 만약 나에게 돈이 약간 있었더라면, 나는 택시를 탈 수 있었을 텐데.
If I had some money on me, (would / I / got / have / taxi / a)

ANSWER - TASK 7

① If Jim had not lent me the money. ② She would have been injured.
③ If you had some breakfast. ④ I would have got a taxi.

주어진 표현으로 다음 한국어 문장을 영어로 쓰시오.
(Put the following Korean sentences into English using provided expressions.)

한국 정부는 더 많은 기부금을 냄으로써, 전쟁으로 파괴된 국가를 돕는 국제적 노력을 계속하는 것이 더 나을 것이다.

Hint

do well to: ~하는 편이 더 낫다
keep up with: 계속 ~ 하다
war-torn nation: 전쟁으로 파괴
by ~ing: ~함으로써
make further donations: 더 많은 기부금을 내다

ANSWER - TASK 8

The Korean government would do well to keep up with international efforts to help the war-torn nation by making further donations.

주어진 속담을 읽고 다음 빈 칸에 다시 써 보시오. (A~Z)

H

01. Habit [Custom] is (a) second nature. (습관은 제 2의 천성.)

02. Half a loaf is better than no bread[none]. (반쪽의 빵이라도 없는 것보다는 낫다.)

03. Handsome is that handsome does.
(행위가 훌륭한 사람이 아름답다, 외양보다는 마음씨.)
= Handsome is he who does handsomely.

04. Haste makes waste. (서두르면 일을 그르친다.)

05. Hate begets hate. (증오는 증오를 낳는다.)

06. Have a cook rather than a doctor. (의사보다 좋은 요리사가 더 낫다.)

07. Heaven defends the right. (하늘은 정의의 편이다.)

08. Heaven helps those who help themselves. (하늘은 스스로 돕는 자를 돕는다.)
→ God helps those who help themselves.

09. Heaven's vengeance is slow but sure. (천벌은 늦게라도 반드시 온다.)

10. He catches the wind with a net. (그물로 바람 잡는다. = 뜬 구름 잡는다.)

11. He that would have the fruit must climb the tree.
(과일을 먹고 싶은 사람은 나무에 올라가야 한다.)

12. He who laughs last, laughs best. (최후에 웃는 자가 승자이다.)

13. He laughs best who laughs last. (최후에 웃는 자가 가장 잘 웃는다.)

14. He sets the wolf to guard the sheep.
(늑대한테 양 지키란다. = 고양이에게 생선을 맡긴다.)

15. He that grasps two much, holds nothing.
(토끼 두 마리를 쫓으면 한 마리도 못 잡는다.)

16. He that knows nothing doubts nothing. (모르는 게 약이다.)

17. He that will steal a pin will steal an ox. (바늘 도둑이 소 도둑된다.)

18. He who hesitate is lost. (망설이는 자는 모든 것을 잃는다. = 쇠뿔도 단김에 빼라.)

19. He who increases knowledge increases sorrow. (지식이 늘수록 슬픔도 는다.)

20. He who learn against a good tree, a good shelter find he.
(좋은 나무에 좋은 그늘이다.)

21. He who never makes any enemies, never makes any friends.
(적이 없는 자는 친구도 없다.)

22. He who sows little, reaps little. (적게 씨를 뿌린 자는 적게 수확한다.)

23. He who spits against the wind fouls his beard.
(바람에 침을 뱉으면 제 수염만 더럽힌다.)

24. He who would climb the ladder, must begin at the bottom.
(높은 데 오르려면 낮은 데서부터.)

25. He works best who is best trained.
(훈련을 가장 잘 받은 사람이 가장 훌륭하게 일한다.)

26. Hindsight is better than foresight. (선견지명보다는 때늦은 지혜가 낫다.)

27. History repeats itself. (역사는 되풀이된다.)

28. Honesty is the best policy. (정직은 최상의 방책이다.)

29. Hunger is the best sauce. (시장이 반찬이다.)

I

01. If a job's worth doing, it's worth doing well.
(할 가치가 있는 일이면, 잘할 가치가 있다.)

02. If at first you don't succeed, try, try again. (칠전팔기.)

03. If he waits long enough, the world will be his own. (참고 충분히 기다려라.)

04. If Jack's in love, he's no judge of Jill's beauty.
(갑돌이가 사랑에 빠지면 갑순이의 아름다움을 판단하지 못 한다.)

05. If the sky fall, we shall catch larks.
(하늘이 무너지면 종달새를 잡을 수 있다, 부질없는 걱정은 할 필요가 없다.)

06. Ignorance is bliss. (모르는 것이 약이다, 모르는 동안은 마음이 편하다.)

07. Ill got, ill spent. (부정하게 번 돈은 오래가지 못한다.)

08. Ill news runs apace [fast]. (나쁜 소식은 빨리 퍼진다.)

09. Ill weeds grow apace [fast].
(잡초는 으레 무성하다, 미움 받는 자가 오히려 활개친다.)

10. In for a penny, in for a pound. (한번 시작한 일은 끝장을 내라.)

11. In one ear and out the other. (한 귀로 듣고 한 귀로 흘린다.)

12. In prosperity, think of adversity. (순탄할 때, 어려웠을 때를 잊지 말라.)

UNIT 07

여러 종류의 직업들

Various Kinds of Jobs

Lesson Objectives

1. 내가 갖고 싶은 직업을 묘사해본다.
   (To describe the job I want to get)
2. 내 나라의 좋은 직업에 대해 기술해본다.
   (To write about a good job in my country)

Grammar Point

부사 (Adverb)

Focal Expressions

01 For the last 17 years he has been walking up and down 5 miles of beach every day, looking for things the might be useful to someone.

전치사 for~는 현재완료 시제와 함께 쓴다.

> ex 우리는 2년 동안 서로를 보지 못했다.
> we haven't seen each other for 2 years.

02 Nearly everything in the beachfront cabin coms form the sea.

부사 nearly는 all이나 every앞에서 주로 수식한다.

> ex 거의 모든 학생들이 약간의 불어를 말한다.
> Nearly every student speaks some French.

03 They all get reply if there is an address in the bottle. Shoes? If you find one, you will find the other the next week.

단순 조건절 if 절은 현재시제와 함께 쓰이며, 주절도 대개 현재형이 온다.

> ex 내가 그것을 찾는다면, 너에게 말해주겠다.
> If I find it, I'll tell you.

04 Does he really make a living?

make a living: 생계를 벌다.

> ex 그는 젊었을 때, 가난하게 생계를 꾸려갔다.
> He made a poor living when he was young.

05 I barter with a lot of things I find, and I have my police pension.

barter with: ~와 물물교환하다.

> ex 우리는 그 섬나라 사람들과 물물교환을 했다.
> We bartered with the islanders.

06 But I don't actually need money.

부사 actually는 앞 문장과 반대되는 의미를 강조할 때 쓰인다.

ex 그는 사실상 그 제안을 거절했다.
He actually refused the offer.

07 But there ara a lot more who'd like to do what I do.

a lot은 비교급을 강조한다. 비교급 강조표현에는 much, even, far, still 등이 있다.

ex 그것은 내가 생각했던 것보다 훨씬 크게 보였다.
It seemed much large than I had expedted.

08 I have everything that I could possibly want.

부사 possibly는 조동사 can 뒤에서 의미를 강조한다.

ex 당신은 저에게 잠깐 시간을 내주시겠습니까?
Could you possibly spare me for a moment?

부사 (Adverb)

※ 주로 동사·형용사·다른 부사를 수식하는 말을 부사라고 한다.

1. 부사의 형태와 역할

1) 부사의 형태

형용사의 어미에 -ly를 붙여서 만드는데, 어미가 약간 변하는 경우가 있다.

ㄱ. 자음 +y로 끝나면, y를 i로 고치고 -ly를 붙인다.

ㄴ. -e로 끝나는 형용사는 e를 빼고 -ly를 붙인다.

ㄷ. -ic로 끝나는 형용사는 -ally를 붙인다.

frank　frankly　솔직하게　　kind kindly　친절하게

happy　happily　행복하게　　true truly　진실하게

basic　basically 기본적으로

2) 형용사와 동형인 부사

hard	《형》 열심히 일하는	《부》 열심히
long	《형》 긴	《부》 오래
late	《형》 늦은	《부》 늦게
early	《형》 일찍 일어나는, 이른	《부》 일찍
high	《형》 높은	《부》 높이, 높게

ex ① 이 꽃은 이른 봄에 핀다.
This flower blooms in early spring.

② 메리는 아침에 일찍 일어난다.
Mary gets up early in the morning

3) 형용사와 동일한 부사에 -ly가 붙는 경우: 뜻이 다름

hard	《부》 열심히	hardly	《부》 거의 … 않다
late	《부》 늦게	lately	《부》 최근에
high	《부》 높게	highly	《부》 매우(=very)
pretty	《부》 상당히	prettily	《부》 예쁘게
near	《부》 근처에	nearly	《부》 가까스로

ex ① 그는 이곳에 늦게 도착했다.
He arrived here late.

② 나는 최근에 그를 만난 적이 없다.
I haven't seen him lately.

③ 그는 가족을 부양하기 위해 열심히 일한다.
He works hard to support his family.

④ 나는 그것을 거의 믿을 수 없다.
I can hardly believe it.

4) 부사의 역할

동사·형용사·다른 부사를 수식하지만, 명사나 대명사·부사구·부사절도 수식

ex ① 그는 시계를 바라보고 급히 일어난다.
He looks at the clock and gets up quickly. (동사수식)

② 버스 단 한 대를 이용하기에는 너무 사람이 많았다.
There are too many people for only one bus. (형용사 수식)

5) 문장 전체를 수식하는 부사

흔히 문자의 맨 앞에 오는 경우가 많으며, It is + 형용사 + that … 구문으로 바꿔 쓸 수 있다.

happy, wisely, probably, naturally, frankly 등이 있다.

ex ① 그가 화를 내는 것은 당연했다.
Naturally he got angry.
= It was natural that he got angry.

② 그가 그 돈 받기를 거절한 것은 현명했다.
He wisely refused to accept the money.
= It was wise of him to refuse to accept the money.

2. 빈도 부사의 위치

always, usually, generally, often, sometimes, seldom, hardly, never

빈도부사 + 일반 동사, be동사 / 조동사 + 빈도부사

ex ① 나는 가끔 개와 함께 산책을 한다.
I sometimes take a walk with me my dog.

② 제인은 결코 지각하지 않는다.
Jane is never late for school.

③ 나는 그가 말한 것을 좀처럼 이해할 수가 없다.
I could hardly make out what he said.

※ enough가 부사로 사용되면 수식하는 말 뒤에 온다.

ex 인생은 사랑도 하고 예술도 할 만큼 길지 않다.
Life isn't long enough for love and art.

3. 주의해야 할 부사

1) 부분 부정

always, quite, entirely, necessarily, altogether, fully, wholly + not, never

= 부분부정

ex 머리 좋은 학생이 항상 훌륭한 교사가 되는 것은 아니다.
Smart students do not always become good teachers.

2) 약한 부정어

hardly, scarcely, rarely, seldom, little, few

ex ① 그의 아버지는 거의 외출을 하지 않으신다.
His father seldom goes out.

② 우리는 그를 요즈음 거의 보지 못한다.
We rarely see him nowadays.

3) very와 much

ㄱ. very: 형용사·부사의 원급, 현재분사를 수식

ㄴ. much: 형용사·부사의 비교급·최상급, 그리고 과거 분사를 수식

ex ① 메리는 피아노를 대단히 잘 친다.
Marry can play the piano very well.

② 그 이야기는 대단히 재미있다.
The story is very interesting.

③ 메리는 나보다 피아노를 훨씬 잘 친다.
Marry can play the piano much better than I.

④ 그녀는 그 질문으로 몹시 기분이 상했다.
She was much offended by the question.

4) ago · before · since

ㄱ. ago: 현재를 기준으로 해서 〈…전〉의 뜻. 과거시제에 사용.

ㄴ. before: 과거를 기준으로 해서 〈…전〉의 뜻. 과거완료에 사용.

ㄷ. since: …때 이래로

ex ① 나는 2일 전에 그를 보았다.
I saw him two days ago.

② 그녀는 이틀 전에 그를 보았다고 말했다.
She said she had seen him two days before.

③ 나는 그때 이래로 죽 그를 만나지 못 했다.
I have never seen him ever since.

5) too · either · already · yet

ㄱ. too	〈또한, 역시〉	긍정문
ㄴ. either	〈역시 … 않다〉	부정문
ㄷ. already	〈이미, 벌써〉	긍정문
ㄹ. yet	〈아직, 벌써〉	부정문·의문문

ex ① 만약에 네가 간다면 나도 역시 가겠다.
If you go, I will go, too.

② 그 일을 다 마쳤니? 아니, 아직 못 마쳤어.
Have you finish the work〉 No, not yet.

주어진 단어로 다음 한국어를 영어로 쓰시오.
(Put the following Korean into English with the provided words.)

01. 25년 동안 Terry Cemm은 경찰관이었다. 그러나 지난 17년 동안, 그는 매일 5마일의 해변을 위아래로 돌아다니며, 누군가에게 사용될 수 있는 물건을 찾아왔다. (walk up and down / useful)

02. 그가 지금까지 발견한 것 중 가장 특별한 것은 무엇인가? (unusual / over)

03. 그는 주로 아이들로부터 온 메시지가 담겨있는 많은 병을 발견한다. (lost of / mainly)

04. 그는 정말로 생계를 꾸릴 수 있는가? (make a living)

05. 나는 내가 찾은 많은 물건을 물물교환하며, 경찰 연금을 받고 있다. (barter with / police pension)

06. Tery는 매우 행복한 것처럼 보인다. (seem to)

07. 당신은 소박하고 정직한 삶을 사는 방법을 찾아야 한다. (have to / live a life)

08. 사람들은 그들이 정말로 필요하지 않은 것들을 쫓으며, 그들의 모든 삶을 보내고 있다. (spend ~ ing / chase)

09. 내가 하고 있는 것을 하고 싶어하는 훨씬 많은 사람이 있다. (a lot / what I do)

ANSWER - TASK 1

① For 25 years Terry Cemm was a police officer, but for last 17 years he has been walking up and down 5 miles of beach every day, looking for things that might be useful to someone.

② What's the most unusual thing he has ever found?

③ He finds a lot of bottles with messages in them, mainly from children.

④ Does he really make a living?

⑤ I barter with a lot of things I find, and I have my police pension.

⑥ Terry seems to be a very happy man.

⑦ You have to find a way to live simple, honest life.

⑧ People spend all their lives chasing things they don't really need.

⑨ There are a lot more who'd like to do what I do.

올바른 단어를 고르시오. (Choose a right word.)

01. 그 차의 운전자는 심하게 부상 당했다.

The driver of the car was (serious / seriously) injured.

02. 나는 네가 매우 이기적으로 행동했다고 생각한다.

I think you behaved very (selfish / selfishly)

03. 파티에 있던 모든 사람들이 화려하게 옷을 입고 있었다.

Everybody at the party was (colorful / colorfully) dressed.

04. 그녀는 넘어져서 매우 심하게 다쳤다.

She fell and hurt herself quite (bad / badly)

05. 내가 그를 방해했을 때, 그는 화가 나서 나를 쳐다보았다.

He looked at me (angry / angrily) when I interrupted him.

ANSWER - TASK 2

① seriously ② selfishly ③ colorfully ④ badly ⑤ angrily

TASK 3

각 문장을 완성하기 위해 각 부분에서 한 단어씩 골라 두 단어를 고르시오.
(Choose two words (one from each part) to complete each sentence.)

1) Unusually / reasonably / absolutely / unnecessarily / seriously / badly / slightly / completely

2) Planned / enormous / cheap / quiet / ill / changed / long / damaged

ex I thought the restaurant would be expensive but it was reasonably cheap.

01. Gorge의 어머니는 병원에서 심하게 아프신 상태이다.
Gorge's mother is ______________________ in hospital.

02. 그것은 심각한 사고가 아니었다. 그 차는 단지 조금 피해를 입었다.
It wasn't serious accident. The car was only ______________________

03. 내가 20년 후에 집에 돌아왔을 때, 모든 것이 완전히 바뀌었다.
When I returned home after 20 years, everything had ______________ .

04. 우리 휴일 동안 많은 것이 잘못 진행되었다. 왜냐하면 그것은 잘못 계획되었기 때문이다.
A lot went wrong during our holiday because it was ______________ .

ANSWER - TASK 3

① seriously ill ② slightly damaged ③ completely changed ④ badly planned

단어들을 올바른 순서로 놓아서 문장을 만드시오.
(Put the words in the correct order to make a sentence.)

01. 시험은 놀랍게도 쉬웠다.
(easy / examination / was / the / surprisingly)

02. 그 모임은 매우 엉망으로 이루어졌다.
(meeting / very / organized / badly / the / was)

03. 톰은 믿을 수 없을 만큼 빠르게 언어들을 배운다.
(learns / incredibly / languages / Tom / quickly)

04. 그들은 서로를 거의 알지 못한다.
(know / they / each / hardly / other)

ANSWER - TASK 4

① The examination was surprisingly easy. ② The meeting was very badly organized.
③ Tom learns languages incredibly quickly. ④ They hardly know each other.

TASK 5

적절한 단어로 빈칸을 채워서 한국어와 같은 의미가 되도록 하시오.
(Fill in each clank with a suitable word to mean the same as the Korean sentence in the bracket.)

디지털 기술이 위험한 속도로 발전함에 따라 사람들은 전보다도 빠르게 음악, 사진, 영화 등과 같은 더 크고, 더 많은 파일을 교환하고 있다.

① ________ digital technology advance at the breakneck pace, people are ② ____________ more data files of larger size, ③ ________ as music, photo and movies, etc. ④ ________ a faater rater than ever before.

Hint
as ~: ~함에 따라
digital technology: 디지털기술
at breakneck pace: 위험한 속도로
than ever before: 전보다도

ANSWER - TASK 5

① As ② exchanging ③ such ④ at

다음 단어를 올바른 순서로 놓아서 괄호 안의 한국어 문장과 같은 의미가 되도록 하시오.
(Put the following words into the correct order so that it means the same as the Korean sentences with the words provided.)

01. 우리는 방이 비어 있는 것을 알았다.
(found / room / we / the / empty)

02. 나는 그녀에게 파티에 가지 말라고 설득했다.
(persuaded / her / to / go / the / party / I / not / to)

03. 나는 그가 말한 것을 거의 이해할 수 없었다.
(I / hardly / what / said / could / make out / he)

04. 메리는 나보다 피아노를 훨씬 잘 칠 수 있다.
(Mary / play / piano / better / I / can / the / much / than)

ANSWER - TASK 6

① We found the room empty. ② I persuaded her not to go to the party.
③ I could hardly make out what he said. ④ Mary can play the piano much better than I.

TASK 7

다음 단어를 올바른 순서로 놓아서 밑줄 친 부분과 같은 의미가 되도록 하시오. (Put the following words into the correct order to mean the same as below.)

전문가들과 관리들은 북한의 핵문제와 이라크 전쟁의 결과에 관한 상당한 발전이 이루어진 후에 비로소, 평양은 서울과의 협상 테이블에 나올 것이라고 예측했다.

Experts and officials predicted Pyongyang will come to the negotiating table with Seoul (only / substantial / is / after, progress / made) regarding the North's nuclear issue and the conclusion of the Iraq war.

Hint

negotiating table: 협상 테이블
only after: ~한 후에 비로소
make substantial progress: 상당한 발전을 하다
regarding: ~에 관한
nuclear issue: 핵문제

ANSWER - TASK 7

Only after substantial progress is made

주어진 단어를 사용하여 다음 한국어 문장을 영어로 쓰시오.
(Translate the following Korean sentences into English using the given words.)

수많은 외교적 노력이 최근에 핵문제에 관해 북한을 다자간 회담에 나오도록 유인하기 위해 진행돼왔다.

Hint

numerous diplomatic efforts: 수많은 외교적 노력
be underway: 진행 중이다
induce A into B: A를 B로 유인하다
multilateral dialogue: 다자간 회담
nuclear issue: 핵문제

ANSWER - TASK 8

Numerous diplomatic efforts have recently been underway multilateral dialogue in the nuclear issue.

주어진 속담을 읽고 다음 빈 칸에 다시 써 보시오. (A~Z)

I

13. In unity there is strength. (뭉치면 힘이 생긴다.)

14. Iron not used soon rusts. (쇠는 쓰지 않으면 곧 녹이 슨다.)

15. It goes ill with the house where the hen sings and cock is silent.
(암탉이 울고 수탉이 가만있는 집은 좋지 못한 일이 일어난다. = 암탉이 울면 집안이 망한다.)

16. It is a foolish bird that soils its own nest. (어떤 새도 제 둥우리를 더럽히지 않는다.)

17. It is a long lane that has no turning.
(구부러지지 않은 길은 없다, 쥐구멍에도 볕들 날이 있다.)

18. It is a piece of cake. (누워서 떡 먹기.)

19. It is an ill wind that blows nobody any good. (갑의 손실은 을의 이익.)

20. It is a wise child that knows its own father.
(자식은 부모의 마음을 모른다. = 자기 아버지를 아는 아이는 현명한 아이이다.)

21. It is dogged (that) does it. (지성이면 감천.)

22. It is good to have friends everywhere. (도처에 친구가 있으면 좋다.)

23. It is more blessed to give than to receive. (받는 것보다 주는 것이 행복하다.)

24. It is never too late to mend.
(아무리 늦어도 고칠 수 있다, 허물 고치기를 꺼리지 마라.)

25. It is no use crying over spilt milk. (엎지른 물은 담을 수 없다.)
→ It is of no use to cry over spilt milk.

26. It is old cow's notion that she never was a calf. (개구리 올챙이적 생각 못한다.)

27. It is only for one gets ill that one perceives the value of health.
(앓고 나야 건강의 가치를 안다.)

28. It is useless to flog a dead horse. (죽은 말에 채찍질해도 소용없다.)

29. It never rains but it pours.
(비가 오면 억수로 쏟아진다. = 재난은 반드시 한꺼번에 겹친다. = 엎친데 덮친 격.)
→ Misfortunes never come single [alone].

30. It takes one to know one. (과부 사정은 과부가 안다.)

31. It takes two to make a quarrel. (싸움은 혼자서는 못한다.)

32. It takes two to tango. (두 손뼉이 맞아야 소리가 난다. = 손뼉도 맞아야 소리가 난다.)

J

01. Jack of all trades is the master of none. (만물 박사는 한 가지도 제대로 못 한다, 이것저것 손대는 사람은 아무 것도 제대로 하지 못한다, 만능은 무재주.)

02. Jack of all trades and master of none. (뭐든지 한다는 자는 한 가지도 못한다.)

03. Justice will assert itself. (정의는 반드시 오는 법이다.)

K

01. Kill not the goose that lays the golden eggs.
(눈 앞의 이익에 눈이 어두워 장래의 이익을 희생하지 말라.)

02. Kill two birds with one stone. (일석이조.)

03. Kind hearts are more than coronets. (친절한 정은 왕관보다 낫다.)

04. Kind words are worth much and they cost little.
(친절한 말은 효과가 많으며 밑천이 안 든다.)

05. Knowledge is power. (아는 것이 힘이다.)

L

01. Laugh and grow fat. (웃으면 복이 온다.)

02. Least said soonest mended. (말은 적을수록 좋다, 입은 재앙의 근원이다.)

03. Leave a welcome behind you. (싫어할 정도로 남의 집에 오래 머무르지 말라.)

04. Leave [Let] well (enough) alone.
(지금 형편이 좋으면 그대로 놔 둬라. = 긁어 부스럼 만들지 말라.)
→ Let sleeping dogs lie.

05. Lend your money and lose your friend. (돈을 빌려주면 친구를 잃는다.)

06. Let everyone keep off the flies with the own tail.
(남의 걱정은 나중에 하고 제 할 일이나 해라.)
→ Let everyone sweep before his own doors. (자신의 문이나 닫아라.)

07. Let every tub stand on its own bottom. (사람은 누구나 제 힘으로 살아야 한다.)
→ Every tub must stand on its own bottom.

08. Let sleeping dogs lie. = Leave well enough alone.
(잠자는 개 [사자]를 건드리지 말라. = 긁어 부스럼 만들지 말라.)

UNIT 08

러브 스토리

Love Story

Lesson Objectives

1. 내가 읽은 러브스토리를 요약해본다.
(To summarize the love story I have read about)
2. 내가 결혼하고 싶은 파트너에 대해 묘사해본다.
(To describe the partner I want to marry)

Grammar Point

1. 분사 (Participle)
2. 과거완료 (Past Perfect)

Focal Expressions

01 They had never married and they lived together in a large house.

⟨had + P.P⟩는 과거완료시제로 과거 이전부터 과거까지를 나타낸다.

ex ① 샌디가 파티에 도착했을 때, 펄은 이미 집으로 갔다.
When Sandy arrived at the party, Paul had already gone home.

② 내가 역에 도착했을 때, 기차는 이미 서울로 향해 떠났다.
When I got to the station, the train had already left for seoul.

02 They hadn't spoken to each other for ten years, ever since they had had an argument.

⟨hadn't spoken ~ (ever) since ~⟩: ~ 한 아래로 ~ 해 왔다. ~과거완료 시제.

ex ① 우리가 공원에서 만난 이래로 샘을 본 적이 없다.
I hadn't seen Sam since we had met in the park.

② 나는 작년 이래로 샘을 보지 못했다.
I hadn't seen Sam since last year.

③ 그들은 그곳에 도착한 이래로 방을 한번도 청소하지 않았다.
They had never cleaned the room ever since they had arrived there.

03 Whenever they wanted to communicate, they wrote notes.

whenever는 복합관계부사로 ⟨~ 할 때마다⟩라는 뜻이다.

ex ① 당신이 언제 간다 하더라도, 그 책을 발견할 수 없다.
Whenever you may go, you can't find that book.

② 당신이 좋아 할 때마다 오시오.
Please come whenever you like.

04 He hold gone to school with the brothers and was an old friend.

〈had gone to〉는 과거완료의 결과적 용법으로 〈가버리고 없었다〉 라는 의미이다.

ex 나의 아버지는 내가 집에 왔을 때 미국에 가고 안 계셨다.
My father had gone to America when I came home.

05 Did you know that she had left a will?

〈had left a will〉은 〈유언장을 남겼다〉라는 의미이며 과거완료시제이다. 본동사 〈Did〉보다 한 시제 앞서 있음을 나타내고 있다.

ex 내가 일어났을 때, 태양은 이미 떠 올랐다.
When I awoke, the sun had already risen.

06 Let me read you the will.

let은 사역동사로 read라는 원형 부정사를 목적보어로 삼는다.

ex 나는 그에게 사과의 편지를 썼다.
I made him write a letter of apology.

cf 지각동사 뒤에도 원형부정사가 온다.

ex 나는 그가 무대에서 노래하는 것을 들었다.
I heard him sing on the stage.

과거완료시제(Past Perfect Tense)

※ had + 과거분사: 과거기준

1. 과거의 일정한 시점까지의 동작의 완료

ex ① 내가 역에 도착했을 때 기차는 이미 서울을 향해 떠났다.
When I got to the station, the train had already left for Seoul.

② 마침 답안을 다 쓰고 났을 때 종이 울렸다.
I had just written my answers, when the bell rang.

2. 과거의 일정한 시점까지의 경험

현재완료와 같이 before, ever, never, seldom, once, twice, often, rarely등의 부사를 동반하는 경우가 많다.

ex ① 내가 열 살이었을 때 일본에 가 본 적이 있다.
I had been to Japan when I was ten years old.

② 나는 전에 그를 본 일이 없었기 때문에 그를 알지 못했다.
As I had never seen him before, I did not know him.

3. 과거의 일정한 시점까지의 동작·상태의 계속

for, since, long, always 등 기간을 나타내는 부사구를 수반하는 경우가 많다.

ex ① 그는 5일 동안 앓고 나서 의사를 불렀다.
He had been ill for five days, when the doctor was sent for.

② 2000년은 그녀가 결혼한 지 30년이 되는 해였다.
By 2000 he had been married for thirty years.

4. 과거의 일정한 시점까지의 동작 상태의 결과

ex ① 내가 집에 돌아왔을 때 아버지는 미국에 가고 안 계셨다.
My father had gone to America when I came home.

② 눈을 떴을 때는 해가 벌써 떠 있었다.
When I awoke, the sun had already risen.

5. 과거시제 이전의 동작·상태를 나타내는 경우

ex ① 내가 쓰려고 샀던 만년필을 우리 아들에게 주었다.
I gave my son the fountain pen that I had bought for me.
= I bought a fountain pen for me, and then I gave it to my son.

② 열차가 도착하기 훨씬 전부터 나는 역에 있었다.
I had been at the station a long time before the train arrived.

분사(Participle)

1. 한정적 용법

※ 명사의 앞뒤에 놓여 명사를 수식하며 단독으로 쓰일 때는 명사 앞에 위치한다.

※ 보어 또는 목적어를 취하거나 부사의 수식을 받을 때는 명사 뒤에 놓인다.

1) **현재분사**: 동사 원형 + ~ing

동작이나 진행, 그리고 능동의 의미를 갖는다.

① 명사 앞에 수식하는 경우(분사가 단독으로 쓰일 때)

ex 오늘 밤 극장에서 멋진 영화가 상영된다.
There is a fascinating movie at the theater tonight.
(A movie that fascinates ~)

② 명사 뒤에서 수식하는 경우(분사가 목적어, 보어, 수식어구를 동반할 때)

ex 회의에 참석한 사람들은 관심 부족에 대한 우려를 나타냈다.
The people attending the meeting expressed concern about the lack of interest. (The people who attend ~ .)

2) 과거분사

수동과 상태 및 완료를 의미한다.

ex ① 선생님이 방금 끝난 수업 내용에 대한 퀴즈를 냈다.
The teacher gave a quiz on the just completed lesson.
(The lesson that were completed ~)

② 그 퇴역 장군은 따뜻하게 환영 받았다.
The retired general was warmly welcomed. (완료의 의미)
(The general who had retired ~)

2. 서술적 용법

감정을 나타내는 동사의 분사형: (surpise, exite, please, satisfy, disappoint, bore 등)

ex ① 그 게임은 지루했다.
The game was boring.

② 학생들은 지루해했다.
The student were bored.

3. 분사구문의 의미상의 주어

1) 의미상의 주어 생략

분사구문의 의미상의 주어가 주절의 주어와 동일한 경우에는 의미상의 주어를 생략한다.

ex 아파트로 돌아와서 나는 손목시계가 없어졌다는 것을 알았다.
Returning to my apartment, I found my watch missing.
(= When I returned to my apartment.)

2) 의미상의 주어의 명사

① 독립 분사구문

분사구문의 의미상의 주어가 주절의 주어와 다른 경우에는 의미상의 주어를 명시한다.

ex 밤이 되자, 그 어부는 사라졌다.
Night coming on, the fisherman went away.
(=When night came on, the fisherman.)

② 비인칭 독립구문

분사구문의 의미상의 주어와 주절의 주어가 일치하지 않아도 의미상의 주어가 we, you, they, people 등의 일반 주어일 때는 의미상의 주어를 생략한다.

ex 엄격하게 말하면, 우리나라는 천연 자원이 부족하다.
Strictly speaking, our country lacks natural resources.
(=If we speak strictly, .)

4. 분사구문의 시제 · 부정 · 강조

1) 분사구문의 시제

① 단순 분사구문: 동사 + ~ing

분사의 시제가 술어동사와 같은 시제를 나타낸다.

ex 게임하고 노래하며, 그 일행은 즐기고 있었다.
Playing games and singing songs, the party was enjoyable. (=과거시제)

② 완료분사구문: having + P.P

분사의 시제가 술어동사 이전의 시제를 나타낸다.

ex 저녁식사를 마친 후에, 그는 집 밖으로 뛰어 나갔다.
Having eaten his dinner, he rushed out of the house. (대과거)

2) 분사구문의 부정

분사의 부정은 부정사 동명사의 경우와 마찬가지로 분사 앞에 not이나 never를 둔다.

ex 책을 읽지 않으면, 비평할 수도 없다.
Never having read book, I can't criticize it.
(= As I have never read the book.)

5. 부대상황의 with

※ with + 목적어 + 분사(형용사 / 부사 / 전치사구)

독립분사구문이 부대상황을 나타내는 경우로써 with는 생략될 수 있다.

ex ① 겨울이 오고 있기 때문에, 따뜻한 옷을 살 때이다.
With winter coming on, it's time to buy warm clothes.

② 존이 멀리 나가 있기 때문에, 우리는 더 많은 공간을 갖게 되었다.
With John away, we've got more room.

주어진 단어로 다음 문장을 영어로 쓰시오.
(Translate the following sentences into English with the provided words.)

01. 그들은 결코 결혼하지 않았고 큰 집에서 함께 살았다. (had married)

02. 그들은 한 번의 언쟁을 한 이래로 10년 동안 한 번도 서로에게 말을 하지 않았다. (ever since/ argument)

03. 그들은 의사전달을 하고 싶을 때마다, 메모를 썼다. (whenever / note)

04. 어느 저녁 날, 그 형제들은 저녁식사 후에 함께 자리에 앉아 있었다. (sit together)

05. 그들은 둘 다 그들의 큰 누이인 Mary가 최근에 죽었기 때문에 검은 옷을 입고 있었다. (wear / recently)

06. 그 순간 문에 노크 소리가 있었다. (at the moment)

07. 그는 형제들과 학교에 다녔던 옛 친구였다. (had gone to)

08. "너도 누이가 유언장을 남겼다는 것을 알고 있니?" (leave a will)

ANSWER - TASK 1

① They had never married and they lived together in a large house.

② They hadn't spoken to each other for ten years, ever since they had had an argument.

③ Whenever they wanted to communicate, they wrote notes.

④ One evening the brothers were sitting together after dinner.

⑤ They were both wearing black because their older sister, Mary, had recently died.

⑥ At the moment there was a knock at the door.

⑦ He had gone to school with the brothers and was an old friend.

⑧ "Did you know that she had left a will?"

동사를 과거분사나 과거시제로 고치시오.
(Put the verb into the correct form, past perfect or past simple)

01. 톰은 네가 도착했을 때 파티에 있었니?/ 아니. 그는 이미 집에 가버렸지.'
'Was Tom at the party when you arrived?' 'No, he ___________ (go) home.

02. 내가 집에 도착했을 때 매우 피곤함을 느꼈다. 그래서 나는 곧장 잠자리에 들었다.
I felt very tired when I got home, so I ______________ (go) straight to bed.

03. 내가 집에 도착했을 때, 그 집은 매우 조용했다. 모든 사람이 이미 잠자리에 들었다.
The house was very quiet when I got home. Everybody ____________ (go) to bed.

04. 늦어서 미안해. 여기 오는 길에 차가 고장이 났어.
Sorry I'm late. The car ________ (break) down on my way here.

ANSWER - TASK 2

① had gone ② went ③ had gone ④ broke

TASK 3

상황을 읽고 괄호 안의 단어로 문장을 쓰시오.
(Read the situations and write sentences from the words provided.)

01. 너는 질의 집에 갔지만, 그녀는 그 곳에 없었다. / 그녀는 이미 밖에 나갔다.
You went to Jill's house but she wasn't there. (she / go / out)

02. 너는 몇 년 후에 너의 고향 마을에 돌아왔다. 그것은 이전과 같지 않았다. / 그것은 많이 변했다.
You went back to your hometown after many years. It wasn't the same as before. (it / change / a lot)

03. 너는 어젯밤 영화관에 갔다. 너는 늦게 영화관에 도착했다. / 그 영화는 이미 시작했다.
You went to the cinema last night. You arrived at the cinema late. (the film / already / begin)

04. 나는 Sue에게 먹을 것을 제공했지만, 그녀는 배가 고프지 않았다. / 그녀는 막 아침식사를 먹었다.
I offered Sue something to eat but she wasn't hungry. (she / just / have / breakfast)

ANSWER - TASK 3

① She had gone out. ② It had changed a lot. ③ The film had already begun.
④ She had just had breakfast.

다음 단어를 올바른 순서로 배열하여 문장을 만드시오.
(Put the following words in the correct order to make a sentence.)

01. 오늘 밤 극장에서 매력적인 영화가 있다.
(is / a / movie / at / tonight / theater / the/ fascinating / there)

02. 은퇴한 장군은 따뜻한 환영을 받았다.
(welcomed / was / retired / the / general / warmly)

03. 나는 나의 아파트에 돌아왔을 때, 내 시계가 없어진 것을 알았다.
(my apartment / returning / to, I / my watch / found / missing)

04. 날씨가 좋았기 때문에, 우리는 산책하러 밖에 나갔다.
(fine / it / being, we / out / a / walk / for / went)

ANSWER - TASK 4

① There is a fascinating movie at the theater tonight.
② The retired general was warmly welcomed.
③ Returning to my apartment, I found my watch missing. ④ It being fine, we went out for a walk.

TASK 5

Having으로 시작하는 문장을 만드시오.
(Make sentences beginning 'Having'.)

01. 우리는 티켓을 산 후에 극장에 갔다.

We bought our tickets. Then we went into the theater.

Having ______________________________ .

02. 그들은 저녁식사를 먹은 후에 여행을 계속했다.

They continued their journey after they'd had dinner.

Having ______________________________ .

03. Sally는 모든 그녀의 쇼핑을 다 한 후에, 커피 한잔 마시러 갔다.

After Sally had done all her shopping, she want for a cup of coffee.

Having ______________________________ .

04. 그녀는 그녀의 일을 끝마친 후에, 집으로 갔다.

She finished her work. Then she went home.

Having ______________________________ .

ANSWER - TASK 5

① Having bought our tickets, we went into the theater.
② Having had dinner, they continued their journey.
③ Having done all her shopping, Sally went for a cup of coffee.
④ Having finished her work, she went home.

주어진 단어로 다음 문장을 영어로 쓰시오.
(Translate the following sentences into English with provided words.)

01. 당신은 Tom에게 말하고 있는 여자를 알고 있습니까? (woman / talk)

02. 2개의 마을과 만나는 그 길은 매우 좁다. (road / joing / village / narrow)

03. 그 사고로 다친 소년은 병원으로 옮겨졌다. (injure / accident / take / hospital)

04. 이 공장에서 만들어진 대부분의 제품은 수출된다. (most of / goods / factory / export)

05. 범죄를 조사하고 있는 경찰들이 3명의 남자를 찾고 있다. (police / investigate / crime / look for)

ANSWER - TASK 6

① Do you know the woman talking to Tom? ② The road joining the two villages is very narrow.
③ The boy injured in the accident was taken to hospital.
④ Most of goods made in this factory are exported.
⑤ Police investigating the crime are looking for three men.

TASK 7

다음 문장을 형태로 만들어서 괄호 안의 한국어 문장과 같은 의미가 되도록 하시오. (Put the following words into the correct form so that it means the same as the Korean sentence provided.)

01. 어떤 구경꾼이 부른 구급차가 빨리 왔다.
(ambulance / by / bystander / quickly / an / summoned / a / came)

02. 이 대학에서 공부하고 있는 많은 학생들이 외국 출신이다.
(university / from / countries / many / studying / this / students / at / are / foreign)

03. 수세기 동안 사람들을 매료시켰던 우주의 비밀들이 밝혀지고 있다.
(secrets / the / having / people / centuries / slowly / revealed / the / of / universe / fascinated / for / are / being)

04. 금요일까지 제출되지 않은 실험보고서는 접수되지 않을 것이다.
(lab / not / by / will / be / reports / handed in / Friday / not / accepted)

ANSWER - TASK 7

① An ambulance summoned by a bystander came quickly.
② Many students studying at this university are from foreign countries.
③ The secrets of the universe, having fascinated people for centuries, are slowly being revealed.
④ Lab reports not handed in by Friday will not be accepted.

다음 한국어를 영어로 쓰시오.
(Put the following Korean into English.)

시민 활동가들에 따르면, 1970년대 이래로 고등학교와 대학교를 선택할 때, 엘리트 운동 선수들에게 혜택을 부여했던 한국의 군사독재의 유산은 널리 알려진 관행이다.

ANSWER - TASK 8

According to the civic activists, the widespread practice is a legacy of Korea's military dictatorship which awarded favors to elite school athletes in their choice of high schools and colleges since the 1970s.

TASK 9

관계절을 분사구문으로 바꾸어서 각 문장을 다시 쓰시오.
(Rewrite each sentence, changing the Relative Clause into a participial phrase.)

01. 로봇공학을 공부하는 학생들의 숫자가 증가하고 있다.
The number of students who are studying robotics is growing.

02. 정확하게 질병을 진단하도록 프로그램화된 컴퓨터들이 의사들에게 중요한 도구가 되고 있다.
Computers that are programmed to diagnose diseases accurately are important tools for doctors.

03. 역사상 몇 번이나 여왕이 지배한 영국은 1979년에 여성 수상을 선출했다.
England, which has been ruled by queens several times in its history, elected a woman prime minister in 1987.

04. 1867년에 러시아로부터 사들인 알래스카는 1959년에 미국의 49번째 주로 추가 되었다.

Alaska, which was purchased from Russia in 1867, became the 49th state of the United states in 1959.

ANSWER - TASK 9

① The number of students studying robotics is growing.

② Computers programmed to diagnose diseases accurately are important tools for doctors.

③ England, ruled by queens several times in its history, elected a woman prime minister in 1987.

④ Alaska, purchased from Russia in 1867, became the 49th state of the United states in 1959.

주어진 속담을 읽고 다음 빈 칸에 다시 써 보시오. (A~Z)

L

09. Life is full of ups and downs. (양지가 음지되고, 음지가 양지된다.)
→ Sweet meat will have sour sauce.

10. Life is not all beer and skittles. (인생엔 즐거운 일만 있는 것이 아니다.)

11. Lightning never strikes twice in the same place.
(똑같은 불행을 두 번 겪는 일은 없다.)

12. Lightly won, lightly held. (쉽게 얻은 것은 쉽게 잃는다.)
→ Easy come, easy go.

13. Like curses like. (이열치열.)

14. Like father, like son. (부전자전.)

15. Like for like. (은혜는 은혜로. = 원한에는 원한으로. = 눈에는 눈, 이에는 이)

→ Fight fire with fire.

16. Like master, like man. (그 상전에 그 종, 그 주인에 그 하인.)

17. Little pot is soon hot. (작은 질그릇이 빨리 끓는다. = 소인은 쉽사리 화를 낸다.)

18. Little things please little minds. (소인은 하찮은 것을 좋아한다.)

19. Live and let live. (나도 살고 남도 살게 하라, 공생공존.)

20. Lock the stable door after the horse has been stolen [has bolted].

(소 잃고 외양간 고친다.)

→ Mend the barn after the horse is stolen.

→ Lock the stable-door when the steed is stolen.

→ Shut the stable door after the horse is stolen.

→ Lock the stable after the horse is stolen.

21. Long absent, soon forgotten. (안 보면 멀어진다.)
→ Out of sight, out of mind.

22. Look after the pence and the pounds will look after themselves.
(한 푼 두 푼 아끼면 큰돈이 모인다.)

23. Look before you leap.
(뛰기 전에 살펴라, 돌다리도 두들겨 보고 건너라, 아는 길도 물어가라.)

24. Look on the bright side. (좋은 점을 보려고 해라. 긍정적으로 생각해라.)

25. Love conquers all. (사랑이 모든 것을 이긴다.)

26. Love is blind. (사랑은 맹목적이다.)

27. Love levels with all. (사랑에는 상하계급이 없다.)

28. Love me, love my dog.
(나를 사랑하면 내 개도 사랑해다오, 아내가 귀여우면 처가집 말뚝 보고도 절한다.)

M

01. Make haste slowly. (천천히 서둘러라 = 급할수록 신중히.)

02. Make hay while the sun shines. (해 날 때 풀을 말려라. 기회를 놓치지 말라.)

03. Man is a bubble. (인생은 거품과 같다.)

04. Man learn to be wise by the folly of other. (남의 모양을 보고 네 모양을 고쳐라.)

05. Man does not live by bread alone. (사람은 빵으로만 살 수 없다.)

06. Many dishes make many diseases. (많이 먹으면 건강에 좋지 않다.)

07. Many hands make light work. (백지장도 맞들면 낫다.)

08. Marry in haste and repent at leisure. (서둘러 결혼하고 두고두고 후회한다.)

09. Marriage is easy, house-keeping is hard. (결혼은 쉬워도 가정을 지키기는 어렵다.)

10. Men are not to be measured by inches. (사람의 가치는 크기로 판단할 것이 아니다.)

11. Mend the barn after the horse is stolen. (소 잃고 외양간 고친다.)

12. Might makes right. (힘이 있어야 옳게 된다.)

13. Misery loves company. (동병상련.)

14. Misfortunes never come single [singly, alone]. (불행은 겹쳐 오기마련. = 설상가상.)
→ One misfortune rides upon another's back.
→ It never rains but it pours.

15. Money begets money. (돈이 돈을 번다.)

16. Money can't buy happiness. (돈으로 행복을 살 수는 없다.)

17. Money isn't the best thing in the world.
(돈이 세상에서 최선의 것은 아니다. = 돈이 세상에서 최고는 아니다.)

내가 가장 좋아하는 패스트푸드

My Favorite Fast Food

Lesson Objectives

1. 내가 가장 좋아하는 패스트푸드에 대하여 기술해본다. (To write about my favorite fast food.)
2. 우리 나라에서 유래하는 전통 음식을 기술해 본다. (To describe any typical dishes from my country.)

Grammar Point

관계사절 (Relative Clause)

Focal Expressions

01 It's kind of stilly to talk about the moment when pizza was "invented."

kind of: 조금/다소

> ex 우리는 조금 예상하고 있었다.
> We kind of expected it.

02 It gradually evolved over the years, but one thing's for sure-it existed long before the discovery of the Americas.

over the years: 여러 해에 걸쳐, long before ~: ~하기 오래전에

> ex 그들은 그가 도착하기 오래전에 그들의 선생님들과 그 문제를 토론했다.
> They discussed the matter with their teachers long before his arrival.

03 The idea of using pieces of flat, round bread as plates came from the Greeks.

the idea of ~ ing: ~라는 생각.

> ex 네가 올 줄은 전혀 생각지 못했다.
> I had no idea of your coming.

04 They called them "plakuntos" and ate them with various simple toppings such as oil, garlic, onions, and herbs.

such as ~: ~와 같은

> ex 독수리나 매같이 먹이를 잡아먹는 새들은 많은 알을 낳지 않는다.
> Birds of prey, such as the eagle and hawk, don't lay many eggs.

05 In the city Naples, "picea" had become "pizza" and people were experimenting with more toppings

experiment with ~: ~을 실험하다.

ex 그들은 신약을 갖고 동물실험을 했다.
They experimented on animals with a new medicine

06 The Queen loved it and the new pizza was named "Pizza Margherita" in her honor.

in her honor: 그녀를 기념하여

ex 그들은 왕 앞에서 그를 기념하여 연극을 공연했다.
They performed the play before the king in his honor.

07 Pizza migrates to America with the Italians at the end of the nineteenth century.

at the end of: ~이 끝날 무렵

ex 많은 민란이 13세기 말엽에 그 나라에서 발생했다.
Many civil wars broke out in the country at the end of thirteenth century.

08 But the popularity of pizza really exploded when American soldiers retuned form Italy after World WarII and raved about "that great Italian dish."

the popularity of ~ exploded: ~에 대한 인기가 폭발적이었다.

rave about: ~에 대해 열심히 이야기하다.

ex 그들은 여행에 대하여 열심히 이야기하였다.
They raved about their trip.

09 Americans are the greatest producers and consumers of pizza in the world.

the -est ~ in the world: 세상에서 가장~한/최상급 구문

> ex 브라질은 세계에서 월드컵 우승 가능성이 가장 높다.
> Brazil is the most likely to win the World Cup in the world.

관계사절 (Relative Clause)

※ 관계사절은 관계대명사절·관계형용사절·관계부사절이 이에 속한다.

1. 관계대명사절과 관계형용사절

1) 관계대명사와 관계형용사의 의미

관계대명사는 대명사 + 접속사의 역할을 하면서 선행사를 꾸며주는 형용사 절이다.

선행사 격(case)	제한적·비제한적 용법		제한적 용법	선행사 포함	유사 관계대명사
	사람	사물, 동물	사람, 사물, 동물	사람, 사물	
주격	who	which	that	what	as but than
목적격	whom		that	what	
소유격	whose	whose (of which)	-	-	

2) 관계대명사의 용법

① 제한적 용법(한정적 용법)

※ 관계사절이 선행사를 제한하는 형용사절로 쓰이는 형태.

※ 목적격 관계대명사는 일반적으로 생략한다.

ex 저기 앉아있는 숙녀는 우리 선생님이시다.
The lady who is sitting there is our teacher.

그는 사람들이 첫 눈에 반하는 사나이다.
He is the man that/whom people like at first sight.

② 비제한적 용법

※ 선행사를 부가적으로 설명하는 형태.

※ 형식상은 종속절이나 의미는 독립성이 강하므로 접속사를 사용해서 고쳐 쓸 수 있다.

※ 선행사 뒤에 comma를 쓴다.

ex 나는 그에게 1달러를 주었는데 그것은 내가 가지고 있던 전부였다.
I gave him a dollar, which was all I had with me.
= I gave him a dollar, and it was all I had with me.

③ 선행사를 포함한 관계대명사

※ what은 그 자체에 선행사를 포함하고 있는 관계대명사로서 명사절로 쓰인다.

※ what은 생략되는 일이 없다.

ex ① 이것이 내가 원하는 것이다.
This is what I want. = this is the thing which I want

② 내가 가지고 있는 얼마 안 되는 돈을 모두 그녀에게 주었다.
I gave her what little money I had. = I gave her all the little money(that) I had.

③ 이것이 그가 발견한 토끼이다.
This is a rabbit (which) he caught sight of.

2. 관계부사절

※ 두 문장을 연결하는 관계사가 관계절 내에서 부사어 역할을 하는 것을 말하며, 격의 변화가 없다.

※ why, how는 제한적 용법으로만 사용된다.

선행사	관계부사	관계대명사	용법
시 간	when	at [on·in] which	제한적, 계속적
장 소	where	at [on·in·to] which	제한적, 계속적
이 유	why	for which	제한적
방 법	how	In which	제한적
위 모 두	that	at [on·in·to·for] which	제한적

1) 시간

ex ① 그녀가 돌아오는 날을 알려주시오.
Tell me the days when (=on which) she will come back.

② 나는 산책을 하러 나갔는데, 그때 그녀를 만났다.
I went out for a walk, when (=and then) I met her.

2) 장소

ex ① 이곳이 그 사건이 일어난 바로 그 장소이다.
This is the very place where (=at which) the accident happened.

② 마침내 그녀는 LA로 갔는데, 거기서 그녀는 정착하여 여생을 보냈다.
Family she went to Los Angles, where (=are there) she settled down for the rest of her life.

3) 이유

ex 나는 그녀가 그와의 약속을 어긴 이유를 모른다.
I don't know the reason why (=for which) she broke the promise with him.

4) 방법

ex 건강을 유지할 수 있는 방법을 말씀해 주시겠습니까?
Would you tell me (=the way) how I can keep in shape?

TASK 1

주어진 단어로 다음 문장을 영어로 쓰시오.
(Translate the following sentence into English with the provided worlds.)

01. 피자가 발명된 순간에 대해 말한다는 것은 다소 어리석은 짓이다. (kind of / silly / the moment)

02. 그것은 천천히 여러 해에 걸쳐 발전해 왔다. (gradually / evolve)

03. 그것이 미국 발견의 오래 전에 존재했다는 것이다. (long before)

04. 로마인들은 유사한 것을 먹는 것을 즐겼으며, 그것을 "picea"라고 불렀다. (enjoy / similar)

05. AD 약 100년경에는 Naples 도시에서, "picea"는 "pizza"가 되었고, 사람들은 더 많은 토핑재료를 실험했다. (experiment with / toppings)

06. 그 여왕은 그것을 좋아했고, 그 새로운 피자에 그녀를 기념하여, "Margherita pizza"라고 이름 지어 주었다. (name / in her honor)

07. 피자는 19세기 말엽에 이탈리아 사람들과 함께 미국으로 이동했다. (migrate / at the end of)

08. 피자의 인기는 정말로 미국 병사들이 2차 세계대전 후에 이탈리아로부터 돌아와서, 그 위대한 이탈리아 음식에 대해 열심히 이야기했을 때, 폭발적이었다. (popularity / explode / rave about)

09. 미국인들은 이제 세계에서 피자를 가장 많이 생산하고 소비하는 사람들이다. (producers / consumers)

ANSWER - TASK 1

① It's kind of silly to talk about the moment when pizza was "invented".

② It gradually evolved over the years. ③ It existed long before the discovery of the Americas.

④ The Romans enjoyed eating something similar and called it "picea"

⑤ By about 1000 A.D. in the cty f Naples, "picea" had become "pizza" and people were experimenting with more toppings.

⑥ The Queen loved it and the new pizza was named "Pizza Margherita" in her honor.

⑦ Pizza migrated to America with the Italians at the end of the nineteenth century.

⑧ The popularity of pizza really exploded when American soldiers returned from Italy after World WarII and raved about "that great Italian dish."

⑨ Americans are now the greatest producers and consumers of pizza in the world.

TASK 2

두 문장을 한 문장으로 만드시오. who / that / which 를 이용하시오.
(Make one sentence from two, Use who / that / which.)

ex A girl was injured in the accident. She is now in hospital.

The girl who was injured in the accident is now in hospital.

01. 우리에게 시중들던 그 웨이트리스는 매우 불공손하고, 인내심이 없다.
A waitress served us. She was very impolite and impatient.

02. 화재로 망가진 그 건물은 지금 재건되었다.
A building was destroyed in the fire. It has now been rebuilt.

03. 체포된 사람들은 지금 풀려났다.
Some people were arrested. They have now been released.

04. 공항에 간 그 버스는 30분마다 달린다.
A bus goes to the airport. It runs every half hour.

ANSWER - TASK 2

① The waitress who / that served us. was very impolite and impatient. ② The building that / which was destroyed in the fire has now been rebuilt. ③ The people who / that were arrested. They have now been released. ④ The bus that / which goes to the airport runs every half hour.

다음 단어를 올바른 순서로 배열하여 문장을 만드시오.
(Put the following words in the correct order to make a sentence.)

01. 내가 만나보고 싶은 그 여자는 영리했다.
(who / to / was / smart / see / I / wanted / the woman)

02. 당신은 당신이 잃어버린 열쇠를 찾았습니까?
(you / the / keys / you / lost / that / have? / found)

03. 우리는 고장 난 자동차를 갖고 있는 몇몇 사람들을 보았다.
(saw / People / car / broken down / we / some / whose / had)

04. 우리가 머물렀던 그 호텔은 매우 깨끗하지 않았다.
(hotel / we / wasn't / clean / the / where / stayed / very)

ANSWER - TASK 3

① The woman who I wanted to see was smart. ② have you found the keys that you lost?
③ We saw some people whose car had broken down. ④ The hotel where we stayed wasn't very clean.

관계절을 이용하여 두 문장을 한 문장으로 만드시오.
(Make one sentence from two using a Relative Clause.)

Mr. Cater is very interested in our plan.

I spoke to him on the phone last night.

Mr. Cater, to whom. I spoke on the to phone last night, is very interested in our plan.

01. 이것은 우리가 휴일에 같이 갔던 우리 친구들의 사진이다.
This is a photograph of our friends. We went on holiday with these friends.

02. 가족의 구성원들만 초대했던 그 결혼식은 지난 금요일에 거행되었다.
The wedding took place last Friday. Only members of the family were invited to it.

03. 우리가 기다려왔던 샐리는 마침내 도착했다.
Sally finally arrived. We had been waiting for her.

04. 우리는 그것으로부터 우리가 아름다운 전경을 가졌던 그 탑의 정상으로 올라갔다.

We climbed to the top of the tower. We chad a beautiful view form there.

ANSWER - TASK 4

① This is a photograph of our friends, with whom we went on holiday.

② The wedding, to which only members of the family were invited, took place last Friday.

③ Sally, for whom we had been waiting, finally arrived.

④ We climbed to the top of the tower, from which we had a beautiful view.

TASK 5

관계절을 이용하여 다음 문장을 영어로 쓰시오.
(Translate the following sentences into English using Relative Clause.)

01. Barbara는 세척기를 만드는 회사에서 일한다. (washing machines)

02. 그가 사랑에 빠졌던 그 여자는 몇 주 후에 그를 떠났다. (fall in love with)

03. 나는 햇빛이 많은 나라에서 살고 싶다. (where. Plenty of)

04. 너는 그가 말한 것을 들었니? (what)

05. 건물의 2층에 있는 나의 사무실은 매우 작다. (which / second floor)

ANSWER - TASK 5

① Barbara works for a company which(that) makes washing machines.
② The woman with whom he fell in love left him after a few weeks.
③ I would like to live in a country where there is plenty of sunshine.
④ Did you hear what they said?
⑤ My office which is on the second floor of the building is very small.

한국어 문장과 같은 의미가 되도록 적절한 단어로 빈칸을 채우시오.
(Fill in each blank with a suitable word to mean the same as the Korean sentence.)

중국과 동남아시아를 휩쓸고 있는 치명적인 사스 바이러스가, 이미 전쟁과 관련된 피해와 싸우고 있는 지역 수출업자들에게 점점 심각한 위협을 제기하고 있다.

The ____________ SARS virus sweeping through China and Southeast Asia is ____________ an increasingly serious threat to local exporters already ____________ with war-related damages.

Hint

sweeping: 휩쓰는

posing an increasingly serious threat to: ~에 점차 심각한 위협을 제기하면서

struggle with: ~과 싸우다

ANSWER - TASK 6

Deadly, posing, struggling

밑줄 친 부분과 같은 의미가 되도록 다음 단어를 올바른 순서로 놓으시오.
(Put the following words in the correct order to mean the same as the underlined part.)

이것은 그들 자신을 3.5퍼센트의 높은 사망률을 갖고 있는 질병으로부터 자신뿐만 아니라, 그들의 가족과 지역사회를 보호하기 위해 필요하다.

(This is necessary (to / not only / but also / families / communities / protect/ themselves / their / and) from the illness with a high death rate of 3.5 percent.)

Hint

not only A but (also) B: A뿐만 아니라 B도
community: 지역사회
death rate: 사망률

ANSWER - TASK 7

to protect not only themselves but also their families and communities.

주어진 단어를 이용하여 다음 한국어 문장을 영어로 쓰시오.
(Translate the following Korean sentences into English using the provided words.)

다음달 재개될 협상 결과는 오늘 오후 국방부에서 남한과 미국 협상 공단이 공동으로 개최하는 기자회견에서 발표될 것이다.

Hint

negotiation: 협상
resume: 재개하다
announce: 발표하다
press conference: 기자회견
defence ministry: 국방부

ANSWER - TASK 8

Results of the negotiations, which will resume next month, will be announced at a press conference to be held jointly by South Korean and U.S negotiators at the Defense Ministry this afternoon.

영작문 과제 (Writing Assignment)

01. 당신의 직업을 구하는 것과 관련된 커버레터(cover letter)를 쓰시오.
(Write a cover letter involving your job search.)

02. 다음 단어들을 이용하여 방을 기술하시오.
(Describe a room using the following words.)

stove, sofa, bath mat, sink, wardrobe, washing, mug, rug, fireplace, Bedside table, desk, lamp, towels, chest of drawers, kettle, saucepan, bookshelves, shower

주어진 속담을 읽고 다음 빈 칸에 다시 써 보시오. (A~Z)

M

18. Money makes the mare (to) go. (돈이면 안 되는 일이 없다.)

→ Money talks.

→ Money is power.

19. More haste, less speed. (바쁠수록 돌아가라, 급할수록 천천히 해라.)

= More haste slowly.

20. Much coin, much care. (돈이 많으면 걱정도 많다.)

→ Wealth brings with it many anxieties.

21. Murder will out. (살인은 반드시 탄로 난다, 진실은 드러나기 마련.)

→ Truth will out.

N

01. Naked came we into the world and naked shall we depart from it.
(공수래 공수거.)

02. Nature is the best physician. (자연은 가장 훌륭한 의사이다.)

03. Near neighbor is better than a distant cousin. (이웃 사촌.)

04. Necessity is the mother of invention. (필요는 발명의 어머니, 궁하면 통한다.)

05. Necessity has [knows] no law.
(필요 앞에는 법이 없다, 사흘 굶어 도둑질 안 할 놈 없다.)

06. Neck and neck. (막상막하.)
→ Diamond cut diamond.

07. Needs must when the devil drives. (필요 앞에선 법도 무력하다.)
→ Necessity knows no law.

08. Never buy a pig in a poke. (자루에 든 돼지를 사지 말라. = 물건을 잘 보고 사라.)

09. Never is a long word.
('결코'라는 말은 섣불리 하는 것이 아니다, 미리 단념하지 마라.)

10. Never judge by appearance. (겉 다르고 속 다르다.)

11. Never put off till tomorrow what may be done today.
(오늘 할 수 있는 일을 내일로 미루지 말라.)

12. Never too late to mend. (잘못을 고침에 때를 가리지 마라.)

13. News travels fast. (발 없는 말이 천리 간다.)

14. No cross, no crown. (고난 없이 영광 없다. = 고생 끝에 낙이 온다.)
→ No sweat, no sweet.
→ No reward without toil.
→ No pains no gains.

15. No man goes carelessly by a place where profit lips.
(참새가 방앗간을 그냥 지나랴.)

16. No man is born wise or learned. (날 적부터 현명하고 학문이 있는 자는 없다.)

17. No man is a hero to his valet. (자기 하인에게 영웅으로 보이는 사람은 없다.)

18. No medicine can cure a man of discontent. (인간의 불만을 고칠 약은 없다.)

19. No mill, no meal. (부뚜막에 소금도 집어 넣어야 짜다.)

20. No news is good news. (무소식이 희소식.)

21. None are so blind as those who won't see as those.
(보려고 하지 않는 사람처럼 눈 먼 사람은 없다.)

22. None but the brave deserves the fair. (용감한 자 아니면 미녀를 얻을 자격이 없다.)

23. None so blind as those who won't see. (마이동풍, 우이독경.)

UNIT 10

나의 꿈의 직업

My Dream Job

Lesson Objectives

1. 내 자서전을 써본다.
   (To write my autobiography)
2. 내 꿈의 직업을 기술해본다.
   (To describe my dream job)

Grammar Point

관사와 명사 (Articles & Nouns)

Focal Expressions

01 He's one of 100 or so ironworkers currently erecting the steel frame of a new 40-story building in Times Square.

or so: 숫자 뒤에서 〈대략, 약〉이란 뜻.

erecting: 현재분사로 앞의 ironworkers를 수식.

> ex 우리는 교통수단이 없었기 때문에 1마일 가량 걸어야만 했다.
> We had to walk a mile or so because we had no transportation.

02 These ironworkers are known as "cowboys in the sky."

be known as: ~로 알려져 있다.

> ex 그녀는 팝송가수로 알려져 있다.
> she is known as a pop singer.

03 Ironwork is a trade that is still handed down form father to son.

had down: 상속하다, 물려주다 / 〈form father to son〉 from ~ to 같이 대구를 이루는 표현에서는 명사 앞에 관사를 쓰지 않는다.

> ex 그 반지는 그녀의 어머니에게서 물려받은 것이었다.
> The ring had been handed down from her mother.

04 Many of today's ironworkers are descendants of the man who built New York's first skyscrapers.

who: 관계대명사주격으로 선행사 men을 취하고 있다.

> ex 그곳에 앉아있는 그 숙녀는 우리의 선생님이시다.
> The lady who is sitting there is our teacher.

05 To me, ironworkers are the kings of construction.

정관사 the는 〈of + 명사구〉로부터 수식을 받을 때 쓴다.

> ex 램프에 있는 기름은 다 사용되었다.
> The oil in the lamp wad all used up.

06 We make the skeleton that the other workers build on.

정관사 the는 관계대명사 that 절로부터 수식을 받고 있다. 따라서 명사 skeleton 앞에 the를 붙인다.

> ex 이것은 어제 내가 샀던 집이다.
> This is the magazine which I bought yesterday.

07 We get along well together.

get along : 사이좋게 지내다.

> ex 그들은 여름방학 동안에 함께 잘 지냈다.
> They got along together during summer vacation.

08 We ironworkers depend on each other for our lives.

depend on A for B : B를 위해 A에 의존하다.

> ex 우리는 타인의 원조에 의존해야만 했다.
> We had to depend upon anther for help.

09 You're moving all the time.

all the time : 내내, 항상

> ex 우리는 방학기간 동안 내내 영어를 공부했다.
> We studied English all the time during vacation.

10 Have you made any sacrifices to do this job?

make any sacrifices: 희생하다.

> ex 대부분의 부모들은 한국에서 자녀들을 위해 희생을 한다.
> Most parents make their sacrifices for their children in Korea.

11 The wear and tear to the body is enormous.

wear and tear: 마모 / 손상

> ex 나의 중고차의 마모는 사용의 긴 기간에 비해 작다.
> The wear and tear of my used-car is small for a long period of use.

12 I'd like to work on something real important like my great-grandfather did.

⟨something, anything, nothing⟩은 형용사 앞에서 수식을 받는다.

> ex 축제에 특별한 것이 있었습니까?
> Were there something special in the festival?

13 What advice would you give to someone who wanted to do your job?

give advice: 충고하다.

> ex 그 연구를 시작하고 싶은 사람에게 어떤 충고를 했니?
> What advice did you give to someone who wanted to start the research?

14 You have to be OK with height.

have to: ~해야 한다, OK with ~: ~은 괜찮다.

ex 나는 운전 면허증을 따기 위해 무엇을 해야 합니까?
What do I have to do get a driving license?

15 It usually takes about a year to get used to it.

it takes + 시간: (시간)이 걸리다
get used to + 명사 (동명사, 대명사): ~에 익숙해지다.

ex 그 일을 수행하는 데는 오랜 시간이 걸린다.
It takes a long time to carry out the task.

Grammar Point

관사와 명사

1. 부정관사: a / an

1) a / an (모음 앞에서) – 발음상의 분류

ex a European, a university, a uniform, an honor

2) 용법

① 어떤 종류 전체

ex 고양이는 어둠속에서도 볼 수 있다.
A cat see in the dark.

② ~마다 (per)

ex 김씨는 한 달에 한 번 서울에 온다.
Mr. Kim goes up to seoul once a month.

③ ~같은 (the same)

ex 우리는 동갑이다.
We are of an age.

④ 어떤 (a certain)

ex ① 나는 앞으로 에디슨 같은 사람이 되고 싶다.
I want to be an Edison in the future.
② 당신이 없을 때, 신씨가 왔었습니다.
A Mr. Shin came to see you while you are away.

⑤ 약간 (some)

ex 그녀는 잠시동안 말이 없었다.
She was silent for a while.

2. 정관사: the

1) 앞에 나온 말을 다시 받을 때,

ex 나는 오렌지와 멜론을 각각 1개씩 샀다. 나는 그 오렌지를 먹었으나, 그 멜론은 그에게 주었다.
I bought an orange and a melon. I ate the orange, but I gave the melon to him.

2) 뒤에서 수식 받는 명사 앞에.

ex 램프에 있는 기름은 다 떨어졌다.
The oil in the lamp was all used up.

3) 서수 / 최상급 / only / 앞에서

ex ① 12월은 1년의 마지막 달이다.
December is the last month of the year.

② 당신은 그 일에 적합한 유일한 사람이다.
You are the only man for the job.

4) 기타 the가 붙는 경우

ex the Columbia River(강), the Sahara(사막), the Korean peninsula(반도), the Ural Mountains(산맥), the Times(신문), the Wite House(공공건물), the Mayflower(배)

3. 관사의 생략

1) 명사의 호격

ex 웨이터, 내 계산서를 가져오세요.
Waiter, bring my bill, please.

2) 가족 관계의 고유명사화.

ex 어머니는 거실에서 뜨개질을 하고 있다.
Mother is knitting in the living room.

3) 관직, 신분을 나타내는 말 앞에: 보어나 고유명사와 동격일 때.

ex ① 우리는 톰을 우리 테니스 클럽의 주장으로 선출했다.
We elected Tom captain of our tennis club.

② 영국 여왕 엘리자베스 2세는 내년에 미국을 방문할 것이다.
Elizabeth II, Queen of England, will visit America next year.

4) 식사/운동/질병/학과명

ex ① 그의 어머니께서는 우리를 위하여 맛있는 점심식사를 만드셨다.
His mother made a good lunch for us.

② 우리는 12시에 점심을 먹는다.
We have lunch at twelve.

5) 명사가 대구적으로 이루어진 경우

ex day and night (낮과 밤), hand in hand (손에 손 잡고), arm in arm (팔짱을 끼고), face to face (얼굴을 맞대고)

6) 전치사 + 교통/통신수단.

ex by bus (버스로), by sea (배편으로), by telephone (전화로), by letter (편지로)

주어진 단어로 다음 문장을 영어로 쓰시오.
(Translate the following sentence into English with the provided words.)

01. 그는 타임스퀘어에 있는 새로운 40층짜리 건물의 철제 구조물을 현재 세우는 100명가량의 철공 중의 한 사람이다. (or so / ironworkers / currently / erecting / steal frame)

02. 이들 철공들은 '하늘의 카우보이' 로 알려져 있다. (be known as)

03. 철제업은 아버지에게서 아들로 아직도 물려오는 직업이다. (trade / hand down)

04. 오늘날 철공 중 다수는 뉴욕의 첫 번째 고층건물을 세웠던 사람들의 후손이다. (descendants / skyscraper)

05. 우리는 다른 근로자들이 세운 것 위에 골조를 만든다. (skeleton / on)

06. 우리는 함께 잘 지낸다. (get along)

07. 우리 철공들은 우리의 삶을 위해 서로에게 의존한다. (depend on ~ for)

08. 신체에 대한 소모와 손실은 엄청나다. (wear and tear / enormous)

09. 나는 나의 증조부가 그랬듯이, 정말 중요한 것에 관해 일하고 싶다. (something / great – grandfather)

10. 그것에 익숙해지는 데는 약 1년이 걸린다. (take / get used to)

ANSWER - TASK 1

① He's one of 100 or so ironworkers currently erecting the steel frame of a new 40-story building in Times Square.
② These ironworkers are known as "cowboys in the sky."
③ Ironworkers is a trade that is still handed down from father to son.
④ Many of today's ironworkers are descendants of the men who built New York's first skyscrapers.
⑤ We make the skeleton that the other workers build on. ⑥ We get along well together.
⑦ We ironworkers depend on each other for our lives.
⑧ The wear and tear to the body is enormous.
⑨ I'd like to work on something real important like my great-grandfather did.
⑩ It usually takes about a year to get used to it.

a 나 an을 필요한 문장 속에 쓰시오.
(Put 'a / an' or 'the' in these sentences where necessary.)

01. 당신은 얼마나 자주 치과의사에게 가는가?
How often do you go to dentist?

02. 미안합니다. 나는 그것을 하려고 의도한 것은 아닙니다. 그것은 실수였습니다.
I'm sorry. I didn't mean to do that. It was mistake.

03. 나는 문제를 가지고 있습니다. 저를 도와 주시겠습니까?
I've got problem. Can you help me?

04. 의자가 없습니다. 그래서 우리는 바닥 위에 앉아야 했다.
There were no chairs, so we had to sit on floor.

05. 나의 여동생은 뉴욕에서 은행 일자리를 막 구했다.
My sister has just got job in bank in New York.

06. 내가 살고 있는 거리 끝에 자그마한 슈퍼마켓이 하나 있다.
There's small supermarket at and of street I live in.

ANSWER - TASK 2

① the dentist ② a mistake ③ a problem ④ the floor ⑤ a job in a bank
⑥ a small supermarket at the end of the street

TASK 3

주어진 단어로 문장을 완성하시오. 필요한 곳에 'the'를 쓰시오.
(Complete the sentences with the word given(school/hospital etc.) Use them where necessary.)

1. school

01. 매 학기마다 부모들은 선생님을 만나도록 학교에 초대된다.
Every term parents are invited to ______________ to meet the teachers.

02. 그가 젊었을 때, Ted는 학교를 싫어했다.
When he was younger, Ted hated ______________ .

03. A: 당신의 자녀는 학교에서 어떻게 집에 어떻게 도착합니까? 버스로 도착합니까?
How do your children get home from ______________ ? By bus?
B: 아니오. 그들은 걸어 다닙니다. 학교가 아주 멀지 않거든요.
No, they walk. ______________ isn't very far.

04. 그들의 자녀들을 만나기 위해 학교 밖에서 기다리는 사람들이 좀 있습니다.
There were some people waiting outside __________ to meet their children.

2. hospital

01. Nora는 병원에서 청소부로 일한다.
Nora works as a cleaner at ______________ .

02. Ann이 아팠을 때, 우리 모두는 그녀를 방문하기 위해 병원으로 갔다.
When Ann was ill, we all went to ______________ to visit her.

03. 나의 형은 항상 매우 건강했다. 그는 결코 병원에 있어 본 적이 없다.
My brother has always been very healthy. He's never been in ____________ .

04. Peter는 사고로 부상 당했다. 그래서 며칠 동안 병원에 갇혀 있었다.
Peter was injured in an accident and was kept in __________ for a few days.

ANSWER - TASK 3

1. ① the school ② school ③ school / the school ④ the school
2. ① the hospital ② the hospital ③ hospital ④ hospital

올바른 형태를 고르시오. (Choose the correct form.)

01. 소금 좀 건네주시겠습니까?

Can you pass (salt / the salt), please?

02. 나무 위의 사과들 좀 봐! 그것들은 매우 크다.

Look at (apples / the apples) on that tree! They're very big.

03. 나는 차를 좋아하지 않는다. 나는 그것을 좋아하지 않는다.

I don't drink (tea / the tea). I don't like it.

04. 인생은 가끔 이상하다. 몇몇 매우 이상한 것들이 발생한다.

(Life / The life) is strange sometimes. Some very strange things happen.

05. 이 사진 속에 있는 사람들은 누구인가?

Who are (people / the people) in this photograph?

06. 책장 꼭대기에 있는 모든 책들은 나의 것이다.

(All books / All the books) on the top shelf belong to me.

ANSWER - TASK 4

① the salt ② the apples ③ tea ④ life ⑤ the people ⑥ all the books

TASK 5

주어진 단어를 이용하여 다음 문장을 영어로 쓰시오.
(Translate the following sentences into English using the words provided)

01. Ken의 형은 강도죄로 감옥에 있다. (prison / robbery)

02. 내가 학교를 졸업했을 때, 대학교에 가고 싶었다. (leave school)

03. 우리가 머문 호텔은 매우 멋진 호텔이었다. (stay / nice)

04. 우리는 매우 멋진 레스토랑에서 점심식사를 했다. (lunch / restaurant)

05. 당신은 어젯밤 식후에 먹었던 커피를 좋아했습니까? (after our meal)

ANSWER - TASK 5

① Ken's brother is in prison for robbery. ② When I leave school, I want to go to university.
③ The hotel we stayed at was a very nice hotel. ④ We had lunch in a very nice restaurant
⑤ Did you like the coffee we had after our meal last night?

다음 한국어와 뜻이 같도록 적절한 단어로 빈칸을 채우시오.
(Fill in each blank with a suitable word to mean the same as the following Korean sentence.)

이런 점에서 북한은 친밀한 협력을 통해 (한)반도의 핵 위기를 평화롭게 종식 시키기 위해 가능한 빨리 남한과 회담을 재개할 필요가 있다.

In this ＿＿＿＿＿, North korea needs to ＿＿＿＿＿ talks with the South as soon as ＿＿＿＿＿ so as to peacefully put an ＿＿＿＿＿ to the nuclear crisis on the peninsula through close ＿＿＿＿＿.

Hint

In this regard: 이런 점에서
resume: 재개하다
put an end to: ~을 끝내다
nuclear crisis: 핵 위기
peninsula: 반도
close cooperation: 친밀한 협력

ANSWER - TASK 6

Regard, resume, possible, end, cooperation

TASK 7

밑줄 친 부분과 의미가 같도록 다음 단어를 올바른 순서로 배열하시오.
(Put the following words into the correct order to mean the same as the underlined part.)

다른 선진국처럼, 국가는 이제 증가하는 수명과 감소하는 출생률 때문에, 증가하는 숫자의 노인들의 심각한 사회 문제에 직면하고 있다.

Like other advanced countries, the nation is now faced with a serious social problem of in creasing numbers of old people (because / the / life expectancy / declining / of / rising / and / birth rate)

Hint

advanced countries: 선진국
be faced with: ~에 직면하다
life expectancy: 수명
decline: 감소하다
birth rate: 출생률

ANSWER - TASK 7

because of the rising life expectancy and declining birth rate.

주어진 표현을 이용하여 다음 한국어 문장을 영어로 쓰시오.
(Translate the following Korean sentences into English using the provided expressions.)

인터넷과 이동전화 사용자에게 무작위로 보내지고 있는 음란 스팸 메일이 사회, 특히 젊은이들을 위해 가능한 빨리 제거되어야 하는 심각한 사회악으로서 나타나고 있다.

Hint

obscene spam mail: 음란 스팸 메일
mobile phone: 이동전화
randomly: 무작위로
emerge: 나타나다
social evil: 사회악
eradicate: 제거하다

ANSWER - TASK 8

Obscene spam mail being sent to Internet and mobile phone users randomly has emerged as a serious social evil that must be eradicated as soon as possible for the health of society and particularly for the youth.

주어진 속담을 읽고 다음 빈 칸에 다시 써 보시오. (A~Z)

N

24. No news is good news. (무소식이 희소식.)

25. No one spits on money. (돈에 침 뱉는 놈 없다.)

26. No rose, without a thorn. (세상에 완전한 행복은 없다.)
→ Every rose has its thorn.

27. No root, no fruit. (시작이 없으면 결과도 없다.)

28. No rule without exception. (예외없는 규칙은 없다.)

29. No smoke without fire. (아니 땐 굴뚝에 연기 나랴.)

30. No song, no supper. (일하지 않는 자는 먹지 말라.)

31. Nothing comes from [of] nothing.
(무에서 유는 생기지 않는다. = 씨 뿌리지 않고 싹이 날 리 없다.)

32. Nothing great is easy. (위대한 것에 쉬운 것은 없다.)

33. Nothing succeeds like success.
(성공처럼 성공하는 것은 없다. = 한 가지 일이 잘 되면 만사가 잘 된다.)

34. Nothing venture, nothing have [win] [gained]. (모험 없이는 아무 것도 얻지 못한다, 호랑이 굴에 들어가야 호랑이를 잡는다, 산에 가야 범을 잡는다.)

35. No two minds think alike. (똑같은 생각을 하는 사람은 없다.)

36. No wonder lasts more than nine days. (아무리 진기한 이야기도 아흐레 못간다.)
→ A wonder lasts but nine days.

37. No work, no money. (일을 해야 돈이 생긴다.)

38. Nurture passes [is above] nature.
(가문보다 가정 교육. = 선천성보다 후천성이 중요하다.)
→ Birth is much, but breeding is more.

O

01. Once a beggar, always a beggar. (거지질 사흘하면 그만두지 못한다.)

02. Once bit, twice sky.
(한번 물리면 이전의 갑절이나 겁을 낸다, 자라 보고 놀란 가슴 소댕 보고 놀란다.)

03. One cannot eat one's cake and have it.
(과자를 먹고 동시에 소유할 수 없다, 이쪽 저쪽 다 좋게 할 수는 없다.)

04. One cannot touch pitch without being defiled.
(안 좋은 사람과 가까이 하면 악에 물들게 된다. = 근묵자흑.)

05. One man's meat is another man's poison.
(어떤 사람에게는 약이 다른 사람에게는 독이 될 수도 있다, 갑의 약은 을의 독.)

06. One may as well be hanged for a sheep as for a lamb.

(어느 쪽을 훔쳐도 사형을 당할 바에는 새끼 양보다 어미 양을 훔치는 편이 좋다, 이왕 할 테면 철저히 하는 것이 좋다.)

07. One misfortune calls another. (엎친 데 덮친다.)

08. One picture is worth a thousand words. (백문이 불여일견.)

09. One swallow does not make a summer.
(한 마리의 제비로 여름이 오지 않는다, 한 면만으로 전체를 단정하지 마라.)

10. One hour today is worth two tomorrow.
(오늘의 한 시간은 내일의 두 시간의 가치가 있다.)

11. One of these days is none of these days. (차일피일 미루면 영원히 못한다.)

12. Only the weather knows where the shoe pinches.
(진짜 고생이 어떤 것인지 당사자만이 안다.)

13. Opportunity makes the thief. (기회가 있으면 도둑질 할 마음이 생긴다.)

14. Out of the flying pan into the fire. (갈수록 태산.)

15. Out of the mouth comes evil. (입이 화근.)

16. Out of the mouth comes evil. (재앙은 입으로부터 생긴다.)

17. Over shoes, over boots. (내친 김에 끝까지.)

P

01. Penny wise and pound foolish. (한 푼 아끼고 열 냥을 잃는다.)

02. Pity is akin to love. (동정은 사랑에 가깝다.)

03. Possession is nine points of the law.
(점유한 자에게 9할의 승산이 있다, 빌린 것은 내 것이나 마찬가지이다.)

04. Poverty brings stupidity. (가난은 사람을 아둔하게 한다.)

내가 가장 좋아하는 이야기

My Favorite Stories

Lesson Objectives

1. 재미있는 기사를 골라 그 것에 대해 기술해 본다. (To choose an interesting article and write about it.)
2. 내가 읽은 공상과학의 요약문을 써본다. (To write the summary of the science fiction that I have read about.)

Grammar Point

1. 간접의문문 (Indirect Question)
2. 어순 (Word Order)

Focal Expressions

01 Many scientists, however, are skeptical about giving animals the full range of emotions that humans can feel.

be skeptical about: ~에 대해 회의적이다.

관계대명사 that은 선행사를 emotions로 하는 목적격이다.

> ex ① 네가 내게 준 그 시계는 시간이 완전히 잘 맞는다.
> The watch that you gave me keeps perfect time.
>
> ② 이것은 내가 어제 샀던 잡지이다.
> This is the magazine that I bought yesterday.

02 Part of the problem is that it is impossible to prove that even a human being is feeling happy or sad.

Part of the problems is that~: 문제 중의 하나는~이다, prove that~: ~을 증명하다 / 한 문장 안에 2개의 접속사 that이 있다.

> ex 문제 중의 하나는 우리가 그가 자산가인지를 입증할 수 없다는 데 있다.
> Part of the problem is that we cannot prove that he is a man of means.

03 It is only because we can observe body language and facial expression that we can deduce it.

It is ~ that 강조구문 / only because: ~가 강조되고 있다.

> ex 그가 그 자리에 임명된 것은 단지 그가 짧은 시간에 그 일을 수행할 수 있기 때문이다.
> It is only because he can carry out the task in a short time that he is appointed the position

04 Some scientists define this as a primary emotion.

define A as B: A를 B로 정의하다.

> ex 많은 연구가들은 이것을 발전하기 위한 중요한 단계라고 정의하고 있다.
> Many researchers define this as a critical step to develop

05 Why do women live longer than men?

〈women / men〉에는 관사를 쓰지 않는다.

ex 여성은 대개 남성보다 약 6년 오래 산다.
Women generally live about 6 years longer than men.

06 Evidence suggests that boys are the weaker sex at birth, which means that more die in infancy.

관계대명사 which 의 계속적 용법

ex 나는 그에게 1달러를 주었는데, 그것은 내가 가지고 있었던 모든 것이었다.
I gave him a dollar, which was all I had with me.

07 They are more likely to die in accidents.

be likely to : ~ 할 것 같다.

ex 그가 경기에서 이길 것 같다.
He is likely to win the game.

08 Now childbearing is less risky and there are fewer wars.

〈less / fewer〉는 비교급으로 〈less〉는 셀 수 없을 때, 〈fewer〉는 셀 수 있을 때 쓴다.

ex 메리는 조보다 덜 친절하다. 그러나 제임스는 세 명 중에 가장 덜 친절하다.
Mary is less kind than Joe, but James is the least kind of the three.

09 The country with the highest life expectancy is Japan.

life expectancy : 수명

ex 현재 세계 국가들의 평균수명이 점점 높아지고 있다.
Currently the average life expectancy of the countries in the world is getting higher.

간접의문문 (Indirect Question)

※ 일반의문문은 주어와 동사가 도치되지만, 간접의문문에서는 종속절의 주어와 동사는 정상 어순이 된다.

1. 단순의문문: Where has John gone? (존은 어디로 갔습니까?)
   간접의문문: Do you know where John has gone.
   (존이 어디로 갔는지 알고 있습니까?)

2. 단순의문문: Where can I find Linda?
   (내가 린다를 어디서 발견할 수 있을까요?)
   간접의문문: Can you tell me where I can find Linda?
   (당신은 나에게 린다를 어디서 발견할 수 있는지 말해 줄 수 있습니까?)

3. 단순의문문: Why did Ann leave early? (앤은 왜 일찍 떠났습니까?)
   간접의문문: I wonder why Ann left early.
   (나는 왜 앤이 일찍 떠났는지 궁금합니다.)

ex ① 그녀는 내가 여가 시간에 무엇을 했는지 알고 싶어 합니다.
She wanted to know what I did in my spare time.

② 그녀는 나에게 왜 내가 그 자리에 지원했는지 물었습니다.
She asked me why I had applied for the job

③ 그녀는 내가 어떤 외국어들을 말할 수 있는지 여부에 대해 알고 싶습니다.
She wanted to know whether I could speak any foreign languages.

※ 의문사 없는 간접의문문: if 나 whether 로 연결한다.

1. Is there a bank near here?/ Can you tell me~ ?

→ Can you tell me if (whether) there is a bank near here?
(여기 근처에 은행이 있는지 나에게 말해 줄 수 있습니까?)

2. Did Ann receive my letter? Do you know~?

→ Do you know if (whether) Ann received my letter?
(당신은 앤이 나의 편지를 받았는지 알고 있습니까?)

어순 (Word Order)

1. 장소와 시간

1) 대개 동사와 장소는 같이 나온다. (go home / live in a city)

그러나 목적어가 동사뒤에 오면 동사 + 목적어 + 장소의 순서가 된다.

(take somebody home / meet a friend in the street)

2) 시간을 의미하는 how often, when?, how long? 등은 장소 뒤에 온다.

ex ① 톰은 매일 아침 직장으로 걸어 갑니다.

Tom walks to work every morning.

(장소) (시간)

② 우리는 일찍 공항에 도착합니다.

We arrive at the airport early.

(장소) (시간)

③ 그들은 오랫동안 같은 집에서 살았습니다.

They have lived in the same house for a long time.

(장소) (시간)

④ 사라는 파티가 끝난 후에 나를 태워 주었습니다.

Sarah gave me a lift home after the party.

(장소) (시간)

cf 종종 '시간' 표현 부사어가 문장 앞에 오는 경우가 있다.

① On Monday I'm going to paris. (월요일에 나는 파리에 갈 것이다.)

② Every morning Tom walks to work. (매일 아침 톰은 직장에 걸어간다.)

2. 동사와 함께 쓰이는 빈도부사: always, never, usually, hardly, rarely 등

조동사는 빈도부사 앞에, 일반 동사는 빈도부사 뒤에 온다.

진행형의 경우 〈be + 빈도부사 + ~ing〉 이며,

완료형의 경우 〈have + 빈도무사 + P.P〉 이다.

ex ① 톰은 항상 차로 직장에 간다.
Tom always goes to work by car.

② Lucy는 거의 텔레비전을 보지 않으며, 신문을 거의 읽지 않는다.
Lucy hardly ever watches television and rarely reads newspapers.

③ 나의 부모는 항상 런던에 살아 오셨다.
My parents have always lived London.

④ 나는 결코 그의 이름을 기억할 수 없다.
I can't never remember his name.

주어진 단어를 이용하여 다음 한국어를 영어로 쓰시오.
(Translate the following Korean into English using the words provided.)

01. 많은 과학자는 동물에게 인간이 느낄 수 있는 모든 범주의 감정을 주는 것에 관해 회의적이다. (be skeptical about / full range of)

02. 문제의 하나는 인간조차도 행복하거나 슬퍼하는 것을 증명할 수 없다는 것이다. (part of the problems / impossible / prove)

03. 우리가 그것을 추론할 수 있는 것은 단지 몸 동작과 얼굴 표정을 관찰할 수 있기 때문이다. (it is~that / only because~ / deduce)

04. 물론 인간은 언어로 감정을 표현할 수 있다. (express / language)

05. 일부 과학자들은 이것을 주요한 감정으로서 정의하고 있다. (define~as)

06. 증거는 남자아이들이 태어날 때 더 약한 성이라는 것을 시사해 주고 있다. 그리고 그것은 유아 때 더 많이 죽는다는 것을 의미한다. (evidence suggest that~ / weaker sex / which)

07. 남자는 여자보다 심장병의 더 큰 위험성을 갖고 있다. (have a risk of)

08. 그들이 사고로 죽을 확률이 많다는 것이다. (be likely to)

09. 지금은 출산이 덜 위험하고 전쟁도 더 적다. (childbearing / less / fewer)

ANSWER - TASK 1

① Many scientists are skeptical about giving animals the full range of emotions that humans can feel.
② Part of the problem is that it is impossible to prove that even a human being is feeling happy or sad.
③ It is only because we can observe body language and facial expression that we can deduce it. And of course
④ Humans can express the emotion with language.
⑤ Some scientists define this as a primary emotion
⑥ Evidence suggests that boys are the weaker sex at birth, which means that more die in infancy.
⑦ Men also have a greater risk of heart disease than women.
⑧ They are more likely to die in accidents.
⑨ Now childbearing is less risky and there are fewer wars.

괄호 안의 의문문을 새 문장으로 만드시오.
(Make a new sentence from the question provided.)

01. 당신은 나에게 우체국이 어디 있는지 말해 주시겠습니까?
(Where is the post office?)
Could you tell me where ______________________________.

02. 나는 이 단어가 무엇을 의미하는지 알고 싶습니다.
(What does this word mean?)
I want to know ______________________________.

03. 나는 Sue가 오늘 밤 밖에 나갈 것인지 여부를 모릅니다.
(Is Sue going out tonight?)
I don't know ______________________________.

04. 나는 내가 어디에 차를 주차했는지 기억할 수 없습니다.
(Where did I park the car?)
I can't remember ______________________________.

05. 나에게 당신이 원하는 것을 말해 주세요.
(What do you want?)
Tell me ______________________________.

06. 당신은 당신이 이 곳에 차를 주차하기 위해 돈을 내야 하는지 여부를 알고 있습니까?
(Do you have to pay to park here?)
Do you know ______________________________.

07. 당신은 앤이 나의 편지를 받았는지 여부를 알고 있습니까?

(Did Ann receive my letter?)

Do you know ______________________________ .

ANSWER - TASK 2

① Could you tell me where the post office is? ② I want to know what this word means.
③ I don't know if(whether) Sue is going out tonight. ④ I can't remember where I parked the car.
⑤ Tell me what you want. ⑥ Do you know if(whether) you have to pay to park here.
⑦ Do you know if(whether) Ann received my letter.

다음 단어들을 올바른 순서로 배열하여 문장을 만드시오.
(Put the following words in the correct order to make a sentence.)

01. 나는 저 여자가 누구인지 모른다.
(Who / woman / I / know / that / is / don't)

02. 당신은 누군가가 당신을 보았는지 여부를 알수 있습니까?
(you / if / saw / you / do / know / anybody/ ?)

03. Clare는 몇 시에 은행이 닫히는지 알고 싶어 했습니다.
(Clare / to / know / time / closed / the / banks / wanted / what)

04. 당신은 그것이 얼만지 아십니까?
(you / idea / much / will / have / any / how / it / cost/ ?)

ANSWER - TASK 3

① I don't know who that woman is. ② Do you know if anybody saw you?
③ Clare wanted to know what time the banks closed. ④ Have you any idea how much it will cost?

TASK 4

주어진 단어들을 사용하여 제시된 한국어를 영어로 옮기시오.
(Translate the following Korean into English with the words given.)

01. 그녀는 내가 운전면허증이 있는지 물었다. (whether / driving license)

02. 경찰관은 우리에게 우리가 어디로 가고 있었는지 물었다. (police officer / where)

03. 당신이 의도하는 것을 설명해 주십시오. (explain / mean)

04. 당신은 몇시에 그 영화가 시작되는지 알고 있습니까? (what / film)

ANSWER - TASK 4

① She asked whether I had a driving license.
② The police officer asked us where we were going. ③ Please explain what you mean.
④ Do you know what time the film begins?

문장을 완성하시오. 순서를 올바르게 배열하시오.
(Complete the sentences. Put the parts in the right order.)

01. 나는 금요일마다 은행에 간다.

(to the bank / every Friday / go)

I ______________________________ .

02. 페이지 위에 이름을 쓰시오.

(at the top the page / your name / write)

please ______________________________ .

03. 아침 내내 도시 주변을 우리는 걸었다.

(around the town / all morning / walked)

We ______________________________ .

04. 그들은 공원 맞은 편에 새로운 호텔을 짓고 있다.

(opposite the park / a new hotel / are building)

They ______________________________ .

ANSWER - TASK 5

① I go to the bank very Friday. ② Please write your name at the top of the page.
③ We around the town all morning. ④ They are building a new hotel opposite the park.

TASK 6

괄호 안의 단어가 포함되도록 문장을 다시 쓰시오.
(Rewrite the sentences to include the word in brackets.)

01. 나는 대개 토요일마다 직장에 갈 필요가 없다.
I don't have to work on saturdays. (usually)

02. 앤은 종종 차를 마시지 않는다.
Ann doesn't drink tea. (often)

03. 저 호텔은 아마 매우 비싸다.
That hotel is very expensive. (probably)

04. Catherine은 항상 매우 위험하다.
Catherine is very dangerous. (always)

ANSWER - TASK 6

① I don't usually have to work on saturdays. ② Ann doesn't often drink tea.
③ That hotel is probably very expensive. ④ Catherine is always very dangerous.

빈칸에 적절한 단어를 넣어 제시된 한국어 문장과 뜻이 같도록 하시오.
(Fill in each blank with a suitable word to mean the same as the Korean sentence provided.)

부모들이 그들의 자녀들을 보호하고 사랑하는 것은 매우 자연스러운 것이지만, 우리는 또한 부모들의 사랑이 매우 배타적이고, 그런 사랑의 목표는 우리 자신의 자녀에게만 국한된다는 것을 깨달아야 한다.

It is very n________ for parents to protect and love their children, but we should also realize that parents' love is very e________ and the o________ of that love is c________ to our own children only.

Hint

exclusive: 배타적인 / 독점적인

object: 목표

confined to: ~에 국한된다

ANSWER - TASK 7

Natural, exclusive, object, confined

TASK 8

주어진 단어로 다음 한국어 문장을 영어로 쓰시오.
(Translate the following Korean sentences into English with the words provided.)

2개의 대표적 연구기관에 의해 공동으로 시행한 최근 조사에 따르면, 20대와 30대의 한국인 절반 이상이 그들이 할 수 있다면 이민하고 싶다고 한 것은 놀라운 일이다.

Hint

It is astounding that: ~은 놀라운 일이다.
immigrate: 이민하다
according to: ~ 에 따르면
recent survey: 최근 조사
conducted jointly by: ~에 의해 공동으로 시행된
leading: 대표적인
research organization: 연구기관

ANSWER - TASK 8

It is astounding that more than half of Koreans in their 20s and 30s would immigrate of they could, according to a recent survey conducted jointly by two leading reserch organization.

영작문 과제 (Writing Assignment)

01. 관심 있는 기사를 읽고 그것에 대하여 요약하시오.
(Read an article which you are interested in and write a summary about it.)

주어진 속담을 읽고 다음 빈 칸에 다시 써 보시오. (A~Z)

P

05. Practice makes perfect. (연습하면 완전해진다, 뭐니 뭐니 해도 연습이 제일이다.)

06. Pride goes before a fall. (교만한 자 오래 가지 못 한다.)

R

01. Rivers need a spring. (모든 것에는 원인이 있다.)

S

01. Seeing is believing. (백문이 불여일견.)

02. Short accounts make long friends. (셈이 빨라야 친구 사이가 오래간다.)

03. Silks and stains put out the fire in the kitchen. (옷 사치가 심하면 끼니가 없다.)

04. Slow and steady wins the race.
(느릿느릿 걸어도 황소 걸음, 느려도 착실하게 하면 이긴다.)

05. Small is the seed of every greatness. (작은 것이 모여 위대함을 이룬다.)

06. So got, so gone. (그렇고 그렇게 얻은 것은 그렇고 그렇게 없어진다.)

07. So many men, so many minds. (각인각색.)

08. Sour grapes. (못 먹는 감 찔러나 본다.)

09. So many countries, so many customs. (지방이 다르면 풍속도 다르다.)

10. Soon ripe, soon rotten. (대기만성.)

11. Sow the wind and reap the whirlwind.
(악은 그 몇 배나 되는 응보를 받는다, 인과응보.)

12. Speak of the devil and he will appear. (호랑이도 제 말 하면 온다.)

13. Spare the rod, and spare the child. (매를 아끼면 아이들을 망친다.)

14. Step after step, the ladder is ascended. (한 걸음, 한 걸음.)

15. Still waters run deep. (생각이 깊은 사람은 말이 없다. = 잔잔한 물이 깊다.)

16. Strike while the iron is hot. (쇠는 뜨거울 때 두들겨라.)

17. Such master, such servant. (그 주인에 그 머슴.)

T

01. Talk of the devil, and he will[is sure to] appear. (호랑이도 제 말 하면 온다.)

02. The early bird will catch the worm. (일찍 일어나는 새가 벌레를 잡아 먹는다.)

03. (The) least said, (the) soonest mended. (말수는 적을수록 좋다.)

04. The tree is known by its fruit. (사람은 그 행위로 평가된다.)

05. The apple in the neighbor's garden are sweetest. (남의 떡이 커 보인다.)

06. The best fish swim near the bottom. (좋은 것을 얻으려면 많은 노력이 필요하다.)

07. The bird loves her nest. (내 집이 최고.)

08. The greatest wealth is contentment with a little.
(가장 큰 부자는 작은 것에 만족하는 것이다.)

09. There is no counting for tastes. (취미도 가지가지.)

10. The style is the man. (문체를 보면 인품을 알 수 있다.)

11. They are rich who have true friends. (진실한 친구가 있는 자는 부유하다.)

12. There's luck in leisure. (기다리면 행운이 온다.)

13. There is no accounting for taste. (제 눈에 안경, 각인각색.)

14. There is no place like home. (내 집보다 더 나은 곳은 아무데도 없다.)

15. There is no royal road to learning. (학문에 왕도는 없다, 학문에 손쉬운 길은 없다.)

16. There is no rule but has exceptions. (예외 없는 규칙은 없다.)

17. There is no smoke without fire. (아니 땐 굴뚝에 연기 날까?)

18. There is no accounting for tastes. (취미는 가지가지다.)

19. They that know nothing fear nothing. (무식한 놈 겁 없다.)

20. The best fish smell when they are three days old.
(좋은 생선도 사흘이면 냄새 난다. = 귀한 손님도 사흘이면 귀찮다.)

21. The bungling remedy is worse than the disease. (서투른 치료는 병보다 더 나쁘다.)

UNIT 12

나의 가족을 남에게 소개하기

Introducing my Family to others

Lesson Objectives

1. 나의 가족에 대해 기술해본다.
   (To write about my family.)
2. 오랫동안 연락이 없던 친구에게 편지를 써본다.
   (To write a letter to a friend who you haven't been in touch with for a long time.)

Grammar Point

1. 비교 구문 (Comparisons)
2. 최상급 구문 (Superlatives)

Focal Expressions

01 It might have been nice to have more, I would have liked a son, but we just had Carmen.

〈조동사(과거) + have + P.P〉는 과거의 일에 대한 추측이나, 반대의 사실을 나타낸다.

> ex ① 당신은 그것을 가게에 남기었을지 모른다.
> You might have left it in the shop.
>
> ② 그녀는 그것에 대하여 몰랐었을 것이다.
> She might not have known about it.

02 We have the same sense of humor and share many interests, excepts that she's crazy about animals, obsessed with them-she has always had dogs, cats, and horses in her life.

obsessed with: ~생각에 사로잡힌 채 / 〈obsessed〉는 주격보어를 나타내는 분사구문이다.

> ex ① 그는 아이들에게 둘러싸인 채로 들어왔다.
> He came in surrounded by the children.
>
> ② 상황은 변화되지 않은 상태로 남아있다.
> The situation remains unchanged.

03 We were closest when she was about four, which I think is a wonderful age for a child.

〈which〉는 관계대명사의 계속적 용법으로, 접속사 + 주어로서 해석한다. (and it)

> ex ① 나는 2명의 형제가 있는데, 그들은 나보다 나이가 더 많다.
> I have two brothers, who are older than I.
>
> ② 학교에서 단지 아주 가까운 거리에 사는 존은 항상 지각한다.
> John, who lives only a stone's throw from the school is always late.

04 That's when they need parents most.

〈when〉은 관계부사로서 선행사 the time이 생략된 형태이다.

ex 토요일은 내가 가장 바쁠 때이다.
Saturday is when I am busiest.

cf 나는 산책하러 밖에 나갔다. 그리고 그때, 나는 그녀를 만났다.
I went out for a walk, when(and then) I met her.

05 There was an endless stream of strange young men coming to our house.

endless stream of: 끊임없는 행렬의

ex 영화표를 사기 위해 매표소 앞에 끊임없는 사람 행렬이 있었다.
There wan an endless stream of people in front of the box office to buy movie tickets.

06 I once got annoyed with her in front of her friends and she didn't talk to me for days.

get annoyed with: ~에게 짜증내다

ex 마침내, 나는 그 아이의 장난기 심한 행동에 짜증이 났다.
At last I got annoyed with the child's mischievous behavior.

07 She worked for a while doing small roles in movies, but she must have found it.

boring because she gave it up, though she never really said why.

〈must have + P.P〉는 과거의 강한 추측이다. (~였음에 분명하다.)

ex ① 그들은 밖에 나갔음에 분명하다.
They must have gone out.

② 나는 그것을 어딘가에 떨어뜨렸음에 분명하다.
I must have dropped it somewhere.

08 She got married a few years ago ; her husband's a veterinarian.

〈get + P.P〉는 수동구문으로 (~한 상태로 되다)라는 의미이다.

ex ① 그녀는 집에 돌아오다가 부상을 당했다.
She got hurt on her way house.

② 나는 차사고로 부상 당했다.
I got hurt because oh the car accident.

③ Carol은 그녀의 일에 매우 짜증났음에 분명하다.
Carol must get very bored in her job.

09 They must be happy because they with together, and loves animals.

〈조동사 + be〉는 현재의 추측으로, 〈must be〉는 강한 추측으로 나타낸다. (~임에 분명하다)

ex ① 너는 분명히 농담을 하고 있는거야.
You muse be joking.

② 소리가 매우 시끄러움에 분명하다.
It must be very noisy.

10 When she was younger, I used to talk her to the opera-that's my passion but

she can't have liked it very much because she hasn't come with me for years.

〈used to〉는 과거의 규칙적인 습관을 나타낸다.

ex 우리는 조그마한 마을에 살곤 했다. 그러나 지금은 런던에 살고 있다.
We used to live in a small village, but now we live in London.

cf 도시에는 네 개의 극장이 있었다.
There used to be four cinemas in the town.

11 It's not the kind of thing she talks me about.

〈the kind of thing which〉에서 관계대명사 which는 전치사 about의 목적격으로 생략된 형태이다. (~와 같은 종류의 것)

ex 그것은 지금까지 우리가 토론했던 종류의 것이 아니다.
It's not the kind of thing we've discussed so far.

12 I'm looking forward to being a grandfather someday.

look forward to ~ing: 기대하다(=anticipate) / 전치사 새 뒤에 동명사 (~ing)를 쓰는 것에 주의한다.

ex 그를 다시 만날 것을 고대하는가?
Are you looking forward to seeing him again?

13 I hope she will have a son.

〈hope that주어 + 미래동사〉 hope는 미래동사로, 기본적으로 종속절에서는 미래형 조동사를 쓴다.

ex 나는 그가 곧 회복되기를 바란다.
I hope he will get well soon.

Grammar Point

비교 구문

1. 비교급의 형태

〈~er / more(2음절 이상) + than〉

cheap-cheaper, large-larger, fast-faster, thin-thinner,

modern- more modern, serious-more serious

expensive-more expensive, comfortable- more comfortable

ex ① 기차보다 차로 가는 것이 더 싸다.
It"s cheaper to go by car than by train.

② 기차로 가는 것이 차로 가는 것보다 더 비싸다.
going by train is more expensive than going by car.

2. 비교급의 강조

1) much / a lot / far / still / a little + 비교급

ex ① 그것이 훨씬 싸다.
It's much cheaper.

② 왕의 병은 우리가 처음 생각했던 것보다 훨씬 심각했다.
The king's illness was far more serious than we thought first.

2) 반복을 통한 강조

ex ① 직업을 찾는 것이 점점 어려워지고 있다.
It's becoming harder and harder to find a job.

② 요즘 점점 많은 사람들이 영어를 배우고 있다.
These days more and more people are learning English.

3. Then + 비교, The + 비교: ~하면 할수록, 그 만큼 더~하다.

ex ① 빠르면 빠를수록 그만큼 더 좋다.
The sooner the better.

② 호텔이 비싸면 비쌀수록, 서비스는 그 만큼 더 좋다.
The more expensive the hotel, the better the service.

③ 내가 그 계획에 대해 생각하면 할수록, 그것을 덜 좋아했다.
The more I thought about the plan, the less I liked it.

4. 동등비교 (as~as): - 만큼 ~하다.

ex ① 그는 Sally만큼 부자가 아니다.
He isn't as rich as Sally.

② 당신은 당신이 좋아하는 것만큼 많이 가질 수 있다.
You can have as much as you like.

③ 나는 당신만큼 많은 사람을 알지 못한다.
I don't know as many people as you do.

④ Sally는 그녀가 바랐던 것만큼 시험을 잘 보지 못했다.
Sally didn't do as well in the exam as she had hoped.

5. 우등 비교 (more~than): ~보다 더 ~하다.

ex ① 그는 실제보다 나이가 많아 보인다.
He looks older than he is.

② 그는 Amy보다 부자이다.
He is richer than Amy.

6. 열등비교 (less~than)

ex ① 나는 너보다 돈을 적게 썼다.
I spent less money than you.

② 도시센터는 평상시보다 덜 붐볐다.
The city center was less crowed than usual.

7. 배수사 (~times as ~as): ~의 ~배

ex ① 석유는 몇 년 전보다 두 배 비싸다.
Petrol is two times(twice) as expensive as it was a few years ago.

② 그들의 집은 우리 집보다 약 세 배 크기이다.
Their house is about three times as big as ours.

최상 구문

1. 최상급의 형태

〈the + est(단음절), the most(장음절)〉

long-longest

hot-hottest

easy-easiest

famous-most famous

difficult-most difficult

expensive-most expensive

2. 최상급 구문

1) the + 최상급

ex ① 어제는 일년 중 가장 더운 날이었다.
Yesterday was the hottest day of the year.

② 그것은 내가 지금까지 보았던 것 중 가장 지루한 영화이다.
It was the most boring film I've ever seen.

2) 최상급 + in ~

ex ① 무엇이 세계에서 가장 긴 강인가?
What is the longest river in the world?

② 그것은 호텔에서 가장 좋은 것 중의 하나이다.
It was one of the nicest in the hotel.

cf 대개 기간에 대해서는 〈of~〉를 사용한다.

① 네 인생에서 가장 행복한 날은 무엇이었습니까?
What was the happiest day of your life?

② 어제는 일년 중 가장 더운 날이었습니다.
Yesterday was the hottest day of the year.

3) 최상급 + 현재완료 (have + P.P)

ex ① 당신이 지금까지 본 것 중 가장 좋은 영화는 무엇입니까?
What was the best film you've ever seen?

② 저것은 내가 오랫동안 먹었던 것 중에서 가장 맛있는 식사였다.
That was the most delicious meal I've had for a long time.

TASK 1

주어진 단어로 다음 한국어를 영어로 쓰시오.
(Translate the following Korean into English with the words provided.)

01. 우리는 같은 유머감각을 갖고 있으며, 그녀가 동물을 몹시 좋아하고 그것들에 사로잡혀 있다는 것을 제외하고는 많은 관심사를 공유하고 있다. (sense of humor / share / except that / obsess with)

02. 우리는 그녀가 약 네 살이었을 때, 가장 가까웠으며, 그 네 살이 아이에게는 멋진 나이라고 나는 생각한다. (which / wonderful)

03. 그리고 그때는 부모를 가장 많이 필요할 때이다. (when / most)

04. 카르멘이 학교에 가자마자, 그녀는 자라서 그녀의 가족과 별도로 자라는 것 같았다. (as soon as / seem to / grow apart)

05. 그녀는 매우 감성적이며, 이상한 집단의 친구를 갖고 있었다. (moody / odd)

06. 우리 집으로 찾아오는 끊임없는 행렬의 젊은 애들이 있었다. (endless stream of)

07. 그녀는 여배우가 되고 싶었기 때문에 학교를 떠났다. (leave / actress)

08. 나의 관계 때문에 나는 그녀를 드라마 학교에 보냈지만, 그녀는 그것 또한 좋아하지 않았다. (connection / get – into)

09. 그녀는 몇 년 전 결혼했다. (get married)

10. 그들은 행복했음에 분명했다. 왜냐하면 그들은 함께 일했고 그녀는 동물을 사랑했기 때문이다. (must be / work together)

11. 우리는 책과 음악에서 같은 취향을 갖고 있다. (same tastes)

12. 그녀가 더 어렸을 때, 나는 그녀를 오페라에 데리고 가곤 했다. (used to)

13. 그녀는 그것을 아주 많이 좋아하진 않았음이 분명하다. 왜냐하면, 그녀는 몇 년 동안 나와 함께 오지 않았다. (can' t have like / for years)

14. 그것은 그녀가 나에게 말한 종류의 것이 아니다. (the kind of thing)

15. 나는 카르멘을 갖고 있는 것이 매우 기쁘다. (very pleased)

16. 나는 언젠가 할아버지가 되는 것을 고대하고 있다. (look forward to)

17. 나는 그녀가 아들을 낳기를 바란다. (hope / have)

ANSWER - TASK 1

① We have the same sense of humor and share many interests, except that she's crazy about animals, obsessed with them-she has always had dogs, cats, and horses in her life.

② We were closest when she was about four, which I think is a wonderful age for a child.

③ That's when they need parents most.

④ As soon as Carmen went to school, she seemed to grow up and grow apart from her family.

⑤ She was very moody and had an odd group of friends.

⑥ There was an endless stream of strange young men coming to our house.

⑦ She left because she wanted to become an actress.

⑧ With my connection I got her into drama school, but she didn't like that either.

⑨ She got married a few years ago.

⑩ They must be happy because they work together, and she loves animals.

⑪ We have the same taste in books and music.

⑫ When she was younger, I used to take her to the opera.

⑬ She can't not have liked it very much because she hasn't some with me for years.

⑭ It's mot the kind of thing she t만 me about.

⑮ I'm very pleased to have Carmen.

⑯ I'm looking forward to being a grandfather somedays.

⑰ I hope she will have a son.

TASK 2

상황을 읽고 문장을 완성하시오. 비교급 형태를 이용하시오.
(Read the situations and complete the sentences. Use a comparative form.)

ex Yesterday the temperature was nine degrees. Today it's only six degrees.
It's colder today than it was yesterday.

01. Dave와 나는 달리기 위해 나갔다. 나는 10킬로미터를 달렸다. Dave는 8킬로미터 후에 멈추었다.
Dave and I went for a run. I ran ten kilometers. Dave stopped after eight kilometers.
I ran ______________________________.

02. Chris와 Joe는 둘 다 시험을 못 봤다. Chris는 20%를 얻었으나 Joe는 단지 15%만을 얻었다.
Chris and Joe both did badly in the exam. Chris got 20% but joe only got 15%.
Joe did ______________________________.

03. 나는 나의 친구들이 약 4시에 도착하기를 기대했다. 실제로 그들은 2시 30분에 도착했다.
I expected my friends to arrive at about 4o'clock. In fact they arrived at 2:30.
My friends ______________________________.

04. 당신은 버스나 기차로 갈 수 있다. 버스는 30분마다 달린다. 기차는 한 시간마다 달린다.

You can go by bus or by train. The buses sun every 30 minutes. The trains run every hour.

The buses ____.

ANSWER - TASK 2

① I ran further than Dave. ② Joe did wares than Chris. ③ My friends arrived earlier than I expected. ④ The buses run more often than I trains. (=The buses run more frequently than the trains. / The buses are more frequent than the train.)

TASK 3

같은 의미가 되도록 문장을 다시 쓰시오.
(Rewrite these sentence so that they have the same meaning.)

ex Jack is younger than he looks.

Jack isn't as old as he looks.

01. 나는 너만큼 돈을 쓰지 않았다.

I didn't spend as much as you.

You ______________________________.

02. 그 역은 내가 생각했던 것보다 가까웠다.

The station was nearer than I thought.

The station wasn't ______________________________.

03. 식사는 내가 생각했던 것만큼 비용이 들지 않았다.

The meal didn't cost as much as I expected.

The meal ______________________________.

04. 나는 과거보다 덜 밖에 나간다.

I go out less than I used to.

I don't ______________________________.

ANSWER - TASK 3

① You spent more money than me. ② The station wasn't as far as I thought.
③ The meal cost less than I expected. (the meal was cheaper than I expected.)
④ I don't out as much as I used to. (I don't go out as often as I used to

당신은 이 상황에서 무엇이라 말하겠는가? 최상급을 이용하시오. 괄호 안의 단어를 올바른 형태로 쓰시오.
(What do you say in these situations? Use 〈a superlative + ever …〉. Use the words given in brackets in the correct form.)

ex You've just been to the cinema. The film was extremrly boring. You tell your friend. (boring / film see)

That's the most boring film I've ever seen.

01. 당신은 친구와 커피를 마시고 있다. 그것은 정말 좋은 커피이다.
You're drinking a coffee with a friend. It's really good coffee. You say. (good / coffee / taste)

This ____ .

02. 당신은 메리에 대해 친구에게 말하고 있다. 메리는 인내심이 강하다.
You are talking to a friend about Mary. Mary is very patient. You tell your friend about her. (patient / person / meet)

She ____ .

03. 당신은 단지 10킬로미터를 달렸다. 당신은 이보다 멀리 달린 적이 없다.
You have just sun ten kilometers. You've never run further than this. You say to your friend. (far / run)

That ____ .

04. 당신은 당신의 일을 포기하기로 결심했다. 지금 당신은 이것이 나쁜 실수라고 생각한다.

You decide to give up your job. Now you think this was a bad mistake. You say to your friend. (bad mistake / make)

______________________________________.

ANSWER - TASK 4

① This is the best coffee I've ever tasted. ② She is the most patient person I've ever met.
③ That's the furthest(farthest) I've ever run. ④ It is / was the worst mistake I've ever made.

다음 단어를 올바른 순서로 놓아서 문장을 만드시오.
(Put the following words in the correct order to make a sentence.)

01. 저 교회는 도시에서 가장 오래된 건물이다.
(church / the / building / the town / that / is / oldest / in)

02. 네 인생에서 언제가 가장 행복한 날이었나?
(When / the / day / your / life / was / happiest / of / ?)

03. 그들의 집은 우리집보다 세 배가량 크다.
(house / about / times / big / ours / their / is / three / as / as)

04. 호텔이 비싸면 비쌀수록, 그 서비스는 그만큼 더 좋아진다.
(the / expensive / hotel / more / the, the / better / service / the)

ANSWER - TASK 5

① That church is the oldest building in the town. ② When was the happiest day of your life?
③ Their house is about three times as gig as ours.
④ The more expensive the hotel, the better the service.

TASK 6

주어진 단어로 다음 문장을 영어로 쓰시오.
(Translate the following sentences into English with the words provided.)

01. 날씨가 따뜻하면 따뜻할수록, 그만큼 더 기분이 좋아진다. (the warmer~the better)

02. 물가가 몇 년 전보다 두 배 비싸다. (price / as~as)

03. 날씨가 어제처럼 춥지 않다. (not ~ so ~as)

04. 저것은 내가 오랫동안 먹어 본 것 중에서 가장 맛있는 식사였다. (most delicious)

ANSWER - TASK 6

① The warmer the weather, the better I feel. ② Price is twice as expensive as it was a few years ago.
③ It is not so sold as yesterday. ④ That was the most delicious meal I've had for a long time.

빈칸에 적절한 단어를 넣어서 한국어 문장과 같은 뜻이 되도록 하시오.
(Fill in each blank with a suitable word to mean the same as the Korean sentence.)

부유한 가정 출신의 일부 아이들은 그들 자신의 은행 계좌뿐만 아니라, 휴대폰을 갖고 있으며, 다른 보통 소년과 소녀들을 무시하면서, 어린 나이부터 그들의 특권을 의식하며 길러지고 있다.

Some children from well-off families have c________ phones as well as their own bank a________ and they are raised being conscious of their p________ from early ages, looking down o________ other ordinary boys and girls.

Hint

well-off families: 부유한 가정들
bank account: 은행계좌
raise: 기르다
be conscious of: 의식하다
privilege: 특권
looking down on: 무시하다

ANSWER - TASK 7

cellular, accounts, privileges, on

TASK 8

주어진 단어로 다음 한국어 문장을 영어로 쓰시오.
(Put the following Korean sentences into English using the words provided.)

무엇보다도 먼저, 부모는 아이들의 개인적 개성과 능력을 고려하지 않으면서, 그들의 이상에 맞춰 자녀를 기를 수 있다는 잘못된 생각을 버려야 한다.

Hint

first of all: 무엇보다도 먼저
give up: 포기하다
to their ideals: 그들의 이상에 맞게
take onto account: 고려하다
personal characteristics: 개성

ANSWER - TASK 8

First of all, parents should give up their false belief that they can raise their children to their ideals, without taking into account the children's personal characteristics and capabilities.

주어진 속담을 읽고 다음 빈 칸에 다시 써 보시오. (A~Z)

T

22. The burden is light on the shoulders of another. (남의 어깨의 짐은 가볍다.)

23. The child is father of the man. (어린이는 어른의 아버지.)

24. The darkest hour is that before the dawn. (동트기 직전이 가장 어둡다.)

25. The dead are soon forgotten. (죽은 자는 곧 잊혀진다.)

26. The dearer the child, the sharper must be the rod.
(자식이 귀여울수록 날카로운 매를 주라.)

27. The devil take the hindmost.
(뒤떨어진 놈은 귀신에게나 잡혀먹어라. = 매도 먼저 맞는 놈이 낫다.)

28. The donkey means one thing and the driver another.
(사람이 다르면 견해도 달라진다.)

29. The eagle does not catch flies.
(독수리는 파리를 잡지 않는다. = 매는 굶어도 벼이삭을 쪼지 않는다.)

30. The end justifies the means. (목적은 수단을 정당화한다.)

31. The exception proves the rule. (예외는 규칙이 있다는 증거이다.)

32. The fish always goes bad from head downwards.
(생선은 항상 머리부터 썩는다. = 윗물이 맑아야 아랫물이 맑다.)

33. The foot of the candle is dark. (등잔 밑이 어둡다.)

34. The higher up, the greater fall. (높이 올라갈수록 떨어지는 충격은 크다.)

35. The less said about it the better. (말은 적을수록 좋다.)

36. The mills of God grind slowly. (하늘의 응보는 늦을 때가 있다.)
→ God's mill grinds slow but sure. (늦어도 반드시 온다.)

37. The more, the better. (많으면 많을수록 좋다, 다다익선.)

38. The more you get, the more you want. (가지면 가질수록 더 갖고 싶어진다.)
→ As I grew richer, I grew more ambitious.

39. The outsider sees the best[most] of the game. (구경꾼이 한 수 더 본다.)

40. The pen is mightier than the sword. (문은 무보다 더 강하다.)

41. The pot calls the kettle black. (똥 묻은 개가 겨 묻은 개를 나무란다.)

42. The voice of the people is the voce of God. (민심이 천심.)

43. The wish is father to the thought. (사람은 바라는 일을 사실처럼 믿고 싶어 한다.)

44. Things are not always what they seem. (외모는 진실을 감추기도 한다.)

45. Things past cannot be recalled. (한 번 지나간 일은 돌이킬 수 없다.)

46. Thrift is a good revenue. (아끼는 것이 버는 것이다.)

47. Those who live in glass houses should not throw stones.
(약점 있는 자는 남을 비방해서는 안 된다.)

48. Time flies.= Time and tide waits for no man. (세월은 쏜살같다.)

49. To kill two birds with one stone. (꿩 먹고, 알 먹고 = 일석이조)

50. To teach a fish how to swim. (공자 앞에서 문자 쓴다.)

51. Too many cooks spoil the broth. (사공이 많으면 배가 산으로 간다.)

52. Truth will prevail. (진실은 반드시 이긴다.)

53. Two of a trade seldom agree. (같은 장사끼리는 화합이 잘 안 된다.)

54. Two heads are better than one.
(한 사람보다 두 사람의 지혜가 낫다, 백지장도 맞들면 낫다.)

UNIT 13

내 나라의 유명한 작가와 미술가들

The Famous Writers and Painters in my Country.

Lesson Objectives

1. 우리 나라의 가장 유명한 작가와 미술가들에 대해 기술해본다. (To write about the most famous writers and painters in my country.)
2. 자신을 소개하고 자신에 대해 기술해본다. (To introduce myself and write about myself.)

Grammar Point

작문을 위한 문법 총 정리
(Grammar Review for Writing)

Focal Expressions

01 He hated school and often refused to go unless he was allowed to help.

unless 주어 + 동사: ~하지 않는다면 (=if - not)

ex ① 내가 늦게까지 일하지 않으면, 너를 내일 만날 것이다.
I'll see you tomorrow unless I have to work late.

② 내가 좀 더 열심히 일하지 않았다면, 시험에 합격하지 않았을 것이다.
I wouldn't pass the exam unless I worked harder.

02 It was so beautiful and lifelike that he gave his son palette and brushes and never painted again.

so ~ that: 너무나 ~ 해서 ~ 하다.

ex ① 그는 너무 빨리 반응하여 아무도 그를 필적할 수 없다.
He reacts so quickly that none can match him.

② 그녀는 너무 늦어서 기차를 놓쳤다.
She was so late that she missed the train.

03 His genius as an artist was soon recognized by many people, but other were shocked by strange and powerful paintings.

⟨was ~ recognized by⟩와 ⟨were shocked by⟩는 수동구문.

ex ① 그녀의 그림은 어린 소녀에 의해 친절하게 나에게 보여졌다.
Her picture was kindly shown to me by the little girl.

② 그는 주인에 의해 해고되었다.
He was dismissed by his master.

04 One of his most famous portraits was of the American writer Gertrude Stein, who he met after he'd moved to Paris in 1904.

〈who〉는 관계대명사의 계속적 용법으로 (접속사 + 목적격(whom))을 의미한다.

ex 나는 그에게 1달러를 주었는데, 그 1달러는 내가 갖고 있던 모든 돈이었다.
I gave him a dollar, which was as all I had with me.

05 At the age of 90 he was honored by an exhibition in the Louvre in Paris. He was the frist living artist to be shown there.

At the age of: ~ 살에

ex 38세에 그는 국무총리가 되었다.
At the age of thirty eight, he became a prime minster.

06 Picasso apologized and wanted to play for them to be cleaned.

〈to be cleaned〉는 부정사의 수동구문이다.

ex 그 화가의 혁신적 그룹은 '추상적 표현주의자'로 알려지게 되었다.
The innovative group of painters came to be known as "abstract expressionists."

07 Picasso died of heart failure during an attack of influenza in 1973.

die of: ~병으로 죽다.

ex 그는 무슨 병으로 죽었니?
what did he die of?

Grammar Point

1. 동사와 시제 (Verb & Tense)

1) 현재

현재: Tom build the house. (톰은 집을 짓는다.)

현재완료: Tom has built the house. (톰은 집을 지어왔다.)

현재진행: Tom is building the house. (톰은 집을 짓고 있다.)

현재완료진행: Tom has been building the house. (톰은 집을 지어오고 있는 중이다.)

2) 과거

과거: Tom built the house. (톰은 집을 지었다.)

과거완료: Tom had built the house. (톰은 집을 지어왔었다.)

과거진행: Tom was building the house. (톰은 집을 짓고 있는 중이다.)

과거완료진행: Tom had been building the house. (톰은 집을 짓고 오는 중이었다.)

3) 미래

미래: Tom will build the house. (톰은 집을 지을 것이다.)

미래완료: Tom will have built the house. (톰은 집을 짓고 있을 것이다.)

미래진행: Tom will be building the house. (톰은 집을 짓고 있는 중일 것이다.)

미래완료진행: Tom will have been building the house. (톰은 집을 지어 오고 있는 중일 것이다.)

2. 수동구문과 능동 구문

1) 능동구문: Several witnesses saw me.

수동구문: I was seen by several witnesses. (몇몇 목격자들이 나를 보았다.)

2) 능동구문: The king will greet you.

수동구문: You will be greeted by the king. (왕이 너를 맞이 할 것이다.)

3) 능동구문: The police have detained you.
수동구문: You have been detained by the police. (경찰이 너를 감금했다.)

3. 도치 구문

1) 부정을 나타내는 부사 never, little, seldom 등을 문두에 놓는 경우

ex ① 나는 그것을 결코 생각하지 못했다.)
I never thought of it.
→ Never did I think of it.

② 그녀는 그가 살아 있다는 것을 거의 꿈에도 꾸지 않았다.
She little dreamed that he was alive.
→ Little did she dream that he was alive.

2) If의 생략

If절(조건절)에서 if를 생략하고 were, 조동사 had, should를 문두에 두고 주어, 동사를 도치시켜서 〈조동사 + 주어 + 본동사 ~〉의 도치 구문으로 할 수 있다.

ex ① 내가 너라면, 다시 할 것이다.
If I were you, I would try again.
= Were I you, I would try again.

② 그녀가 나의 아내라면, 나는 행복할 것이다.
If she were my wife, I should be happy.
= Were she my wife, I should be happy.

③ 내가 열심히 했었다면, 나는 시험에 합격했을 것이다.
If I had tried harder, I could have passed the exam.
= Have I tried harder, I could have passed the exam.

4. 가정법 과거

If + 주어 + 과거동사 ~, 주어 + 조동사의 과거형 + ~: 만일 … 한다면, ~ 할 텐데

ex 내가 그녀의 이름을 알았다면, 너에게 말할 텐데.
If I know her name, I would tell you.
= As I don't know her name, I can't [don't]tell you.

5. 가정법 과거완료

If + S + had + P.P ~, 주어 + would, should, + have + P.P …: 만약 ~ 했더라면, … 했을 텐데

ex 만약 학창시절 때 열심히 공부했다면, 나는 더 나은 직업을 가졌을 텐데.
If I had worked hard at school, I'd have gotten a better job.
= As I didn't work hard at school, I didn't[couldn't] get a better job.

6. 의미상의 주어로 〈for + 목적격〉을 쓰는 형용사

It is [difficult, hard, easy, possible, impossible, usual, unusual] + for + 목적격 + to

ex ① 톰이 한국어를 마스터하는 것은 어렵다.
It is difficult for Tom to master Korean. (O)
→ Tom is difficult to master Korean. (X)
→ Korean is difficult for Tom to master.

② 톰이 이 강에서 수영하는 것은 위험하다.
It is dangerous for Tom to swim in thos river. (O)
→ Tom is dangerous to swim in this river.
→ This river is dangerous for Tom to swim in.

7. 완료부정사

〈to have + p.p〉

주절 (본동사)의 시제보다 that절 (종속절)의 동사의 시제가 하나 앞선 (그 이전) 시제를 나타낸다.

ex ① 그는 부자였던 것처럼 보인다.
He seems to have been rich.
= It seems that he was[has been] rich.

② 그는 부자였었던 것처럼 보인다.
He seemed to have been rich.
= It seemed that he had been rich.

8. 동명사 용법

전치사의 목적어가 된다: 전치사 다음에 오는 동사는 동명사로 해야한다.

ex ① 그녀는 피아노를 치는 것을 좋아한다.
She is fond of playing the piano.

② 파티에 나를 초대해줘서 고맙다.
Thank you for inviting me to the party.

동명사의 의미상의 주어는 (대)명사의 〈소유격〉을 원칙으로 한다.

나는 그가 (톰이) 그곳에 간 것을 반대하지 않는다.
I have no objection to his [Tom's] going there.

동명사의 의미상의 주어가 무생물일 경우는 일반적으로 〈목적격〉으로 나타낸다.

우리는 기차가 늦은 것을 고려해야 한다.
We must allow for the train being late.

9. 현재분사

〈동작동사: ~하고 있는〉: 능동, 진행의 의미

ex ① 노래하는 새를 보아라.
Look at the singing bird.
= The bird which is singing.

② 나무 위에서 노래하는 새는 종달새이다.
The bird singing on the tree is a lark.
= The bird which is singing on the tree is a lark.

10. 과거분사

1) 자동사의 과거분사: 〈~한, 해버린〉: **동작이 완료된 결과, 상태를 의미.**

① 전치수식

ex 나의 정원은 낙엽으로 가득 차있다. (현재완료 - 결과)
My garden is filled with fallen leaves
= leaves which have fallen

② 후치수식

ex 땅 위의 낙엽은 노인에 의해 청소되었다.
The leaves fallen on the ground were cleaned by the old man.

2) 타동사의 과거분사: 〈~해진, 되어진, ~당한, 받은〉 수동적 의미

① 전치수식

ex 세 명의 부상당한 병사들이 병원으로 후송되었다.
Three wounded soldier were taken to the hospital.

② 후치수식

ex 그는 베티라고 불리는 사랑스러운 딸이 있다.
He has a lovely daughter called Betty.

11. 분사의 서술적 용법

1) 주격보어

① 현재분사

ex 그는 잡지를 읽으며 앉아있었다.
He sat reading the magazine.
= He was reading the magazine when he sat.
= he sat and was reading the magazine.

② 과거분사

ex ① 그녀는 다소 그것에 놀랐다.
She looked a little surprised at it.

② 노인은 만족스러워 보였다.
The old man seemed satisfied.

2) 목적격보어

① 현재분사

ex 나는 Mary가 거리를 건너는 것을 보았다.
I saw Mary crossing the street.

② 과거분사

ex 나는 그녀가 집에서 쓸려가는 것을 보았다.
I saw her carried out of the house.

12. 〈with + (대)명사[O] + 분사〉 형의 분사 구문

(부대상황) ~을 한 채로, …을 ~하며, ~을 하면서, ~하고

ex ① 나는 TV를 켠 채로 잠이 들었다.
I fell asleep while the TV was turned on.
= I fell asleep with the TV turned on.

② 그는 조용히 앉아 있었고, 고양이는 그의 발 아래에서 졸고 있었다.
He sat silently, and the sat was dozing at his feet.
= he sat silently, the cat dozing at the feet.
= He sat silently, with the cat dozing at his feet.

13. 주의해야 할 주어와 동사의 일치(수의 일치)

1) 각 단어가 every, each, no 등으로 수식을 받을 경우: 단수 취급

ex 모든 순간은 중요하다.
Every hour and every minute is important.

2) 복수형이 단수 취급을 받는 경우: 복수형 주어 + 단수동사

수사 + 〈시간, 거리, 금액, 무게〉의 복수명사가 하나의 단일 단위(관념)을 나타내는 경우

ex ① 2달은 이 책에 대해 너무 짧은 시간이다.
Two months is too short for this book.

② 2마일은 나에게는 긴 거리이다.
Two miles is a long distance to me.

3) 집합명사: 하나의 집단[집합체]에 중점을 두므로 단수 취급
군집명사: 한 집단[집합체]의 구성원 개개에게 중점을 두므로 복수 취급
family, audience, committee, class, team, club, council

ex ① 청중은 대집단이었다.
The audience was a large one.
② 청중은 대단히 감동받았다.
The audience were deeply moved.

4) 주의해야 할 일치의 법칙
Either A or B 류 -B에 동사를 일치시킨다.
① A or B: 〈A 또는 B〉: B에 동사를 일치시킨다.

ex 그나 너 중의 하나는 틀렸다.
He or you are in the wrong.

② Either A or B 〈A 또는 B 둘 중 하나〉: B에 동사를 일치시킨다.

ex 존과 너 중의 하나는 틀렸다.
Either John or you are in the wrong.

③ neither A nor B 〈A도 B도 ~아니다〉: B에 일치시킨다.

ex 너나 그 중의 하나도 틀리지 않았다.
Neither you nor he was wrong.
=Neither you (were wrong) nor he was wrong.

④ not only A but (also) B = B as well as A 〈A뿐만 아니라 B도〉: B에 일치시킨다.

ex 승객들뿐만 아니라, 운전사들도 죽었다.
Not only the passengers but also the driver was killed.
= The driver as well as the passengers was killed.

14. 관계대명사와 동사의 일치

주격관계대명사(who, which, that) 다음에 오는 절의 동사는 선행사의 수, 인칭에 일치한다.

ex ① 그는 요점 없는 농담을 했다.
He told a joke that was pointless.
② 그는 요점 없는 몇 가지의 농담을 했다.
He told several jokes that were pointless.

15. The + 비교급…, the + 비교급 ~

…하면 할수록 더욱 더 ~ 하다

ex 우리가 많이 가지면 가질수록, 더 많이 원한다
The more we have, the more we want.

16. It is ~ that + S + V

강조 구문

ex 존은 어제 창문을 깼다.
John broke the window yesterday.
→ It was john that broke the window yesterday.: John 강조
→ It was the window that John broke yesterday: the window 강조
→ It was yesterday that John broke the window: yesterday 강조

주어진 단어로 다음 문장을 영어로 쓰시오.
(Translate the following sentences into English using the words provided.)

01. 이 아이는 자라서 20세기의 가장 훌륭한 화가 중의 한 사람이 되었다. 파블로 피카소였다. (baby / grow up)

02. 그는 가정에서 외아들이었다. 그래서 그는 완전히 버릇이 없었다. (only son / thoroughly spoiled)

03. 그가 돌아 왔을 때, 파블로는 그림을 완성했다. (return / complete)

04. 그것은 너무 아름답고 실물 같아서, 그는 그의 아들에게 그의 팔레트와 브러시를 주고는 다시는 그림을 그리지 않았다. (so ~ that / palette)

05. 예술가로서의 그의 천재성은 곧 많은 사람들에게 인정받았지만, 다른 사람들은 그의 이상하고 강력한 그림에 의해 충격을 받았다. (genius / be recognized by)

06. 사람들에 대한 그의 초상화는 종종 엉뚱한 위치에 그들의 특징을 담고 있는 삼각형과 사각형과 정사각형으로 이루어져 있다. (portrait / feature / triangle / square / wrong place)

07. 그의 작품은 전 세계적으로 예술에 관한 생각을 바꿨다. (around the world)

08. 한때, 프랑스의 문화부 장관이 피카소를 방문하고 있을 때, 그 예술가는 실수로 페인트 일부를 장관의 바지 위에 쏟았다. (minister of culture / accidentally spoiled)

09. 피카소는 1973년 독감을 앓는 동안에 심장병으로 죽었다. (die of / attack of influenza)

ANSWER - TASK 1

① This baby grew up to be one of the twenty century's greatest painters.
② He was the only son in the family, so he was thoroughly spoiled.
③ When he retuned, Pablo had completed the picture.
④ It was so beautiful and lifelike that he gave his son palette and brushes and never painted again.
⑤ His genius as an artist was soon recognized by many people, but other were shocked by strange and powerful paintings.
⑥ His portraits of people were often made up of triangles and squares with their features in the wrong places.
⑦ His work changed ideas about art around the world.
⑧ Once French minister of Culture was visiting Picasso, the artist accidentally spilled some paint on the minister's pants.
⑨ Picasso died of heart failure during an attack of influenza in 1973.

괄호 안의 동사를 이용하여 다음 문장을 영어로 쓰시오.
(Translate the following sentences into English using the verb in the bracket.)

01. 그는 아픈 것처럼 보인다. (seem)

02. 그는 결혼하지 않은 상태로 남아있다. (remain)

03. 나는 좋은 상태를 유지하고 있다. (keep)

04. 대통령은 그를 외무부 장관으로 임명했다. (appoint)

ANSWER - TASK 2

① He seems to be ill. ② He remained unmarried. ③ I keep in good condition.
④ President appointed him minister of foreign.

TASK 3

다음 한국어를 [주어 + 동사 + 목적어 + 목적격 보어] 문형에 맞추어 영어로 쓰시오. (Put the following Korean into English, with a focus on [S + V + O + O.C] sentence pattern.)

01. 그녀는 그녀의 아들을 파티에 참석하도록 강요했다.

02. 그는 많은 돈 때문에 해외에서 공부할 수 있었다.

03. 내가 무엇을 해야 할지 알려 주세요.

04. 너는 Jack이 집을 떠난다는 것을 들었니?

05. 그녀는 그녀의 마음이 뛰는 것을 느낄 수 있었다.

06. 내가 당신을 계속 기다리게 해서 미안합니다.

ANSWER - TASK 3

① She compelled her son to attend the party. ② Much money enabled him to study abroad.
③ Please let me know what to do. ④ Did you hear Jack leave the house?
⑤ She could feel her heart beat. ⑥ I'm sorry to have kept you waiting.

다음 한국어를 영어로 쓰시오.
(Translate the following Korean into English.)

01. 네가 어디에 있다 하더라도, 나는 너를 따라 갈 것이다.

02. 네가 아무리 열심히 노력한다 해도, 시험에 합격할 수 없다.

03. 아무리 초라하다 하더라도 자기 집만한 곳은 없다.

ANSWER - TASK 4

① No matter where you may go, I will follow you.
② No matter how hard you may try, you can't pass the test.
③ Be it ever so humble, there is no place like home. (= However humble it may be, there is no place like home.)

TASK 5

가정법을 이용하여 다음을 영어로 쓰시오.
(Put the following into English using Subjunctive Mood.)

01. 만약 내가 그녀의 이름을 안다면, 너에게 말해 주겠다.

02. 만약 네가 좀 더 일찍 떠났더라면, 너는 기차를 잡을 수 있었을 텐데.

03. 내가 부자라면 좋겠는데.

ANSWER - TASK 5

① If I knew her name, I would tell you. ② If you had left earlier, you could have caught the train.
③ I wish I were rich.

주어진 단어로 다음을 영어로 쓰시오.
(Translate the following into English using the words given.)

01. 너는 좀 더 조심스럽게 운전해야 했을 텐데. (should have driven)

02. 그녀는 우리가 하룻밤 더 머물 것을 제안했다. (propose / should)

03. 그가 너에게 화내는 것은 당연하다. (natural / should)

04. 나는 그 아이가 그것을 마시지 못하도록 물을 치웠다. (lest-should)

05. 내가 어린아이였을 때 일찍 일어나곤 했다. (used to)

06. 그녀는 많은 청중 앞에서 노래하는 데 익숙하다. (be used to ~ing)

07. 그는 마치 부자였던 것처럼 말한다. (as if)

ANSWER - TASK 6

① You should have driven more carefully. ② She proposed that we (should) stay another night.
③ It is natural that he should get angry with you.
④ I took away the water lest the child should drink it.
⑤ When I was a child, I used to[would] get up early. ⑥ She is used to singing before large audiences.
⑦ He talks as if he had been rich.

TASK 7

다음 한국어를 영어로 쓰시오.
(Translate the following Korean into English.)

01. 그가 부자라고들 한다.

02. 나는 나의 지갑을 잃어버렸다.

03. 인생에서 가장 중요한 것은 어떻게 사느냐 하는 것이다.

04. 너는 그 주제에 대하여 무슨 말을 해야 하는지 아느냐?

05. Tom이 한국어를 마스터하는 것은 어렵다.

06. 그는 내가 그곳에 가는 것을 주장하고 있다.

07. 내가 여기서 담배를 피워도 됩니까?

ANSWER - TASK 7

① It is said that he is rich. ② I had[got] my purse stolen.
③ The most important thing in life is how to live. ④ Do you know what to say about such a topic?
⑤ It is difficult for Tom to master Korean.
⑥ He insisted on my going there.=He insisted that I should go there.
⑦ Do you mind my smoking here?=May I smoke here?

주어진 속담을 읽고 다음 빈 칸에 다시 써 보시오. (A~Z)

V

01. Variety is the spice of life. (다양함이 인생의 묘미다.)

W

01. Walls have ears. (벽에도 귀가 있다. = 낮 말은 새가 듣고 밤 말은 쥐가 듣는다.)

02. Waste not, want not. (낭비가 없으면 부족도 없다.)

03. Water is boon in the desert, but the drowning curses it.
(아무리 좋은 것이라도 독이 되는 수도 있다.)

04. What can't be cured must be endured. (고칠 수 없는 것은 참아야 한다.)

05. When friends meet, hearts warm. (친구를 만나면 마음이 훈훈해진다.)

06. When in Rome, do as the romans do. (로마에 가면 로마의 풍습을 따르라.)

07. When one door shuts, another opens.
(한 문이 닫히면 다른 문이 열린다. 기회는 항상 있다.)

08. Where there is a will, there is a way. (뜻이 있는 곳에 길이 있다.)

09. We die but once. (한 번밖에 안 죽는다, 한번 죽으면 그뿐.)

10. Well begun I half done. (시작이 절반이다.)

11. Well fed, well bred. (의식이 족해야 예절을 안다.)

12. What is done cannot be undone. (이미 끝난 일은 되돌릴 수 없다.)

13. What is learned in the cradle is carried to the grave.
(요람에서 배운 것 무덤까지, 세 살 적 버릇 여든까지.)

14. What's sauce for the goose is sauce for the gander.
(한 편에 맞는 것은 다른 편에도 맞는다.)

15. What the heart thinks, the mouth speaks. (마음에 먹은 생각은 입으로 나온다.)

16. When the cat's away, the mice will play. (호랑이 없는 골에는 토끼가 스승이다.)

17. While there is life, there is hope. (생명이 있는 한 희망이 있다.)

18. Who holds the purse rules the house. (돈주머니를 쥔 자가 가정을 지배한다.)

Y

01. You can't tell a book by its cover.
(표지로 책을 알 수 없다. 외모로 판단하지 마라.)

02. You can lead a horse to water, but you can't make him drink.
(말을 물가로 끌고 갈 수는 있어도 억지로 물을 먹일 수는 없다.)

03. You can't ear your cake and have it. (양쪽 다 좋을 수는 없다.)

04. You never miss the water till the well runs dry.
(샘이 마르고 나서야 물이 귀한 줄 안다.)

1판 1쇄 발행 2016년 6월 30일

지 은 이 **신규철**
발 행 인 **김진수**
발 행 처 **한국문화사**
등 록 1991년 11월 9일 제2-1276호
주 소 서울특별시 성동구 광나루로 130 서울숲 IT캐슬 1310호
전 화 02-464-7708
전 송 02-499-0846
이 메 일 hkm7708@hanmail.net
홈페이지 www.hankookmunhwasa.co.kr

책값은 뒤표지에 있습니다.

이 도서의 국립중앙도서관 출판예정도서목록(CIP)은 서지정보유통지원시스템 홈페이지(http://seoji.nl.go.kr)와 국가자료공동목록시스템(http://www.nl.go.kr/kolisnet)에서 이용하실 수 있습니다.
(CIP제어번호 : CIP2016015617)

ISBN 978-89-6817-382-0 13740